Le Guide De Voyage Ultime Pour L'Algérie 2024

Manuel essentiel du voyageur en Algérie, contenant les endroits à visiter et les endroits à visiter en Algérie

Kennedy Kane

Table des matières

Page de droits d'auteur

PRÉFACE

Dans le royaume des gratte-ciel vertigineux et des marchés animés, où les fortunes se faisaient et où l'avenir se définissait, je me suis retrouvé immergé au cœur des États-Unis d'Amérique. Un voyage de recherches incessantes, de risques calculés et d'innombrables transactions m'a conduit vers les couloirs du succès dans le domaine de l'investissement immobilier. Des millions avaient été amassés, des empires construits et des rêves réalisés. Pourtant, au milieu de cette réalisation imposante, un murmure nous a fait signe d'un pays bien au-delà des paillettes et du glamour, d'un endroit où le soleil embrassait les sables dorés et où les contes anciens murmuraient dans les vents.

L'histoire que je dévoile maintenant n'est pas une simple histoire de hasard, mais une histoire de curiosité, d'inspiration et de poursuite de quelque chose de plus grand. Alors que j'étais au sommet de ma carrière, une conversation fortuite avec un homme qui portait en lui l'essence d'un continent a modifié le cours de ma vie. Muhammed, mon fidèle partenaire commercial, homme d'Afrique et fils d'Algérie, a partagé des histoires qui ont transcendé les frontières. Ses paroles ont tissé une tapisserie vivante d'une terre où l'histoire et le patrimoine étaient les gardiens d'un héritage enchanteur. Il a parlé de l'immensité du Sahara, de la grandeur d'Alger et de la chaleur de ses habitants qui touchaient l'âme comme une douce brise.

C'est au cours de ces conversations que les germes d'une idée audacieuse ont été semés. Une idée qui a défié les conventions, a bousculé ma zone de confort et m'a invité à un voyage de découverte. La décision était prise et les dés étaient jetés. Avec la richesse comme boussole et la curiosité comme guide, je me suis lancé dans un voyage qui relierait les continents, les cultures et les cœurs.

L'Algérie, une terre de mystique, de majesté et d'histoires inédites, est devenue ma destination. Le poids des gratte-ciel imposants a été remplacé par l'apesanteur des dunes de sable qui s'étendaient au-delà des horizons. Les accords commerciaux s'échangeaient contre l'arôme enivrant des épices sur des marchés animés. Les États-Unis d'Amérique, royaume de confort familier, ont cédé la place à l'Algérie, alors que j'entrais dans un monde tissé de diversité, de complexité et de beauté qui transcende le temps.

Dans les pages qui suivent, je vous invite à me rejoindre dans cette odyssée hors du commun. Un séjour de deux mois et deux semaines – huit semaines de vacances, mais toute une vie d'expériences. Ensemble, nous naviguerons dans les rues labyrinthiques d'Alger, traverserons les paysages vallonnés du Sahara, capturerons des instants fugaces en un clin d'œil et nous plongerons dans le rythme de la vie qui bat dans le cœur des Algériens.

Ce n'est pas seulement un guide de voyage ; c'est une odyssée de transformation. Une histoire qui a commencé avec le fracas des affaires et a culminé dans la symphonie de mille histoires. Alors, cher ami, attachez votre ceinture et préparez-vous pour un voyage qui transcende les cartes et les tableaux. C'est l'histoire de la façon dont un homme a laissé derrière lui les richesses de l'Amérique pour trouver une richesse d'un autre type : la richesse de l'expérience, de la culture et des liens humains. Bienvenue dans "Le guide de voyage ultime pour l'Algérie 2024", un voyage qui ne commence pas par des kilomètres, mais par le courage de rechercher l'inspiration partout où elle peut mener.

Attachez votre ceinture, car l'odyssée se déroule.

Chapitre 1

FAIRE CONNAISSANCE AVEC L'ALGÉRIE

Rassemblé sous le ciel étoilé, l'air était rempli de rires, de tintements de verres et d'un indéniable sentiment d'accomplissement. Le jardin du manoir était orné de lumières scintillantes et l'atmosphère bourdonnait de l'énergie de la fête. Ce fut une nuit inoubliable, une nuit où le point culminant d'années de travail acharné, de dévouement et de décisions judicieuses avait conduit à un moment de pure jubilation.

Alors que je me tenais au milieu des festivités, entouré d'amis proches et d'une famille chère, je n'ai pas pu m'empêcher de m'émerveiller du voyage qui nous avait amenés ici. Mon incursion dans l'investissement immobilier a été un acte de foi audacieux, guidé par la recherche, l'instinct et une détermination sans faille. Le voyage avait été rempli de hauts et de bas, de nuits blanches et de victoires jubilatoires. Et alors que les bénéfices dépassaient même mes attentes les plus folles, il était temps de se réjouir des fruits de notre travail.

La fête était un témoignage de gratitude et de camaraderie. Il ne s'agissait pas seulement de célébrer mon succès ; il s'agissait de le partager avec ceux qui étaient à mes côtés, croyaient en ma vision et m'apportaient leur soutien à chaque étape du processus. Leurs rires et applaudissements étaient les échos d'innombrables conversations, séances de brainstorming et moments d'encouragement qui avaient alimenté le voyage.

Au milieu de la célébration, alors que je réfléchissais à l'ampleur de ce que nous avions accompli, un sentiment de contentement m'a envahi. L'idée que ce succès n'était pas seulement le mien, mais qu'il appartenait à tous ceux qui y avaient joué un rôle, rendait ce triomphe d'autant plus significatif. Ce fut une soirée d'histoires et d'anecdotes, de toasts à l'avenir et de chérissement du présent.

Mais même au milieu des festivités, une question persistait : et ensuite ? L'euphorie du succès s'est accompagnée de la prise de conscience que la vie ne se résume pas à de simples réalisations financières. Alors que la fête se terminait et que les étoiles brillaient au-dessus, l'idée de vacances a commencé à se former dans mon esprit. Une pause bien méritée, une chance de s'éloigner du monde trépidant des affaires et des calculs, et de savourer la joie des plaisirs simples de la vie.

Et voilà, la décision était prise : les vacances pointaient à l'horizon. Mais où aller ? Le monde était vaste, regorgeant de possibilités. Alors que je réfléchissais à des cartes et rêvais de destinations, le destin est intervenu sous la forme d'une conversation avec un cher ami et partenaire commercial, Muhammed. Homme d'Afrique, Muhammed était originaire d'Algérie, une terre qui l'avait intrigué et enchanté par ses récits sur sa beauté, son histoire et ses cultures vibrantes.

Alors que Muhammed parlait de l'Algérie, ses yeux s'illuminaient de passion, ses mots peignaient des images saisissantes de paysages allant des vastes déserts aux charmantes villes côtières. Ses histoires ont dévoilé un pays à la fois ancien et moderne, une nation qui portait son histoire comme un insigne d'honneur et attirait les voyageurs avec des promesses d'aventure.

Plus Mahomet parlait, plus je ressentais un lien avec ce pays lointain. C'était comme si l'Algérie attendait de se lancer dans le prochain chapitre de mon voyage. Et ainsi, une décision a été prise : ce serait l'Algérie. L'attrait de l'inconnu, le frisson de l'exploration et la promesse d'expériences authentiques avaient jeté leur charme et j'étais captivé.

Alors que les braises de la célébration diminuaient et que les premiers rayons de l'aube peignaient le ciel, un sentiment d'anticipation commença à remplacer les festivités. Le voyage qui nous attendait promettait non seulement la découverte d'un nouveau pays, mais également une compréhension plus profonde du monde, de ses cultures et des liens communs qui nous unissent tous.

C'est ainsi que, avec le souvenir de cette nuit inoubliable gravé dans mon cœur, je me suis lancé dans une nouvelle aventure – non seulement en tant que voyageur à la recherche d'une destination, mais en tant que chercheur d'histoires, collectionneur de souvenirs et pèlerin d'expériences. L'Algérie m'attendait, une terre de mystère et d'émerveillement, et j'étais prête à profiter de chaque instant qu'elle avait à offrir.

Au cœur de l'Afrique du Nord se trouve une terre aux contrastes captivants, où les échos de l'histoire se répercutent à travers de vastes étendues désertiques, des villes anciennes et des cultures diverses. En tournant les pages de ce guide de voyage, vous êtes sur le point de vous lancer dans un voyage qui vous dévoilera les subtilités de l'Algérie, une nation située au carrefour des civilisations, vous invitant à explorer ses paysages, son histoire, ses cultures et à préparer pour votre propre aventure inoubliable.

La configuration du terrain : géographie et météo

Imaginez une toile si vaste et si diversifiée qu'elle ne pourrait être que le chef-d'œuvre de Mère Nature elle-même. L'Algérie, une terre d'une beauté à couper le souffle, présente une symphonie de paysages qui laissent les visiteurs émerveillés et une tapisserie de merveilles de la nature qui dépasse l'imagination.

Une terre aux multiples facettes

En parcourant l'étendue de l'Algérie, préparez-vous à être étonné par la diversité de sa géographie. Cette nation est le portefeuille de la nature, offrant un éventail de paysages qui semblent presque surréalistes dans leurs contrastes. Admirez avec émerveillement la majesté imposante des montagnes de l'Atlas qui traversent le pays, leurs sommets touchant le ciel et leurs pentes ornées de forêts et de ruisseaux qui démentent les environs arides du désert.

Aventurez-vous plus au sud et un monde d'enchantement doré vous attend. Le désert du Sahara, une vaste mer de dunes de sable, témoigne de la grandeur de la beauté brute de la Terre. Chaque dune raconte une histoire du temps, dont les contours sont façonnés par les vents qui ont murmuré des secrets à travers des millénaires. Et lorsque vous vous tenez au sommet de ces dunes, la vue s'étend à l'infini, un océan de sable ponctué d'oasis occasionnelles – des îlots de vie dans une mer de tranquillité.

Mais le territoire algérien ne se limite pas à ses montagnes et à ses déserts. Les plaines côtières bordent la Méditerranée, offrant un délicieux contraste avec l'intérieur aride. Ici, les terres fertiles sont ornées d'oliviers, de vignobles et de vergers, dont les couleurs témoignent de la générosité agricole de la région. En parcourant ce paysage luxuriant, cela vous rappelle que la beauté de l'Algérie ne se limite pas à ses extrêmes ; c'est dans l'harmonie de ses contradictions.

Météo : une symphonie de soleil et de saisons

Tout comme un chef d'orchestre orchestre une symphonie, le soleil chorégraphie les conditions météorologiques de l'Algérie avec la grâce d'un artiste. Les régions côtières, comme Alger, sont embrassées par la douce étreinte de la Méditerranée. Ici, vous trouverez un climat aussi invitant qu'une étreinte chaleureuse d'un vieil ami. Les hivers sont doux, avec des températures rarement inconfortables, tandis que les étés apportent des journées douces qui vous invitent à explorer les rues animées et les rivages sablonneux.

Aventurez-vous plus profondément en Algérie et le soleil occupe le devant de la scène. Le Sahara, un immense désert qui s'étend à l'horizon sud, connaît des températures qui peuvent atteindre des températures torrides pendant la journée. Pourtant, même dans cet environnement extrême, la nature peint un chef-d'œuvre. Les teintes ardentes du sable au coucher du soleil, les brises fraîches qui balayent les dunes le soir et la couverture d'étoiles qui s'étend dans le ciel nocturne – chaque instant est un coup d'éclat, un rappel du talent artistique impeccable de la nature.

Alors que vous embarquez pour votre voyage à travers l'Algérie, n'oubliez pas qu'il s'agit bien plus qu'un simple voyage ; c'est une immersion dans la danse harmonieuse de la géographie et de la météo. C'est l'occasion d'être témoin de la majesté des montagnes, de la sérénité des déserts et du charme des plaines côtières. Et tandis que le soleil se lève et se couche, projetant sa lueur dorée sur cette terre de merveilles, vous serez transporté dans un monde où la beauté de la nature se dévoile dans chaque paysage, chaque brise et chaque rayon de soleil. Bienvenue en Algérie – une toile peinte par les mains du temps et la créativité inébranlable de la nature.

Voyage dans le temps : un aperçu historique

Entrez en Algérie et vous entrez dans une tapisserie vivante d'histoire qui tisse ensemble les récits d'empires, de dynasties et de civilisations qui ont laissé une marque indélébile sur cette terre. Ce n'est pas seulement une destination ; c'est un passage dans le temps, un voyage qui dévoile des histoires gravées dans la trame même de ses paysages.

Dans les replis obscurs de l'Antiquité, les Berbères sont apparus comme les premiers habitants de l'Algérie. Il y a des millénaires, ce peuple robuste a bâti son existence au milieu des contrastes dramatiques du paysage : les montagnes escarpées et les déserts arides. En s'occupant de leurs troupeaux et en cultivant la terre, ils ont semé les graines de traditions, de langues et d'arts qui continuent de prospérer jusqu'à aujourd'hui. Les Berbères sont le fil conducteur de la tapisserie historique de l'Algérie, reliant son passé à son présent.

Au fil des siècles, les empires se sont développés et ont décliné comme des marées, laissant leurs empreintes sur les côtes algériennes. Les Phéniciens, ces commerçants maritimes, ont établi des colonies côtières, ouvrant ainsi les portes au commerce et aux échanges culturels. Leur héritage se mêle à celui des Romains, qui ont laissé leur empreinte dans des villes monumentales comme Timgad, dont les ruines sont aujourd'hui un témoignage figé de leur grandeur. Des rues pavées de murmures de vies vécues il y a des siècles, des théâtres où résonnaient autrefois les rires et des maisons qui ont bercé des générations : les ruines de Timgad sont un portail vers le passé, une fenêtre à travers laquelle nous apercevons les vies qui prospéraient ici autrefois.

Les Byzantins suivirent, gravant leur chapitre de l'histoire de l'Algérie avec leurs églises et leurs fortifications, leur présence résonnant dans les échos de la prière qui remplissait autrefois l'air. Et puis vinrent les Arabes, dont l'arrivée marqua une nouvelle ère d'infusion culturelle. Leur influence a touché toutes les facettes de la vie algérienne – de la langue à l'architecture, de la cuisine aux traditions. Les villes qu'ils ont fondées existent toujours, témoignant de leur vision et de leur esprit d'entreprise.

Et qu'est-ce que le cœur de l'Algérie sinon sa capitale, Alger ? Promenez-vous dans sa Casbah en forme de labyrinthe, où des ruelles étroites serpentent le long de portes ornées et de carrelages complexes, où l'architecture ottomane murmure des histoires d'une époque où les marchands faisaient du troc, les poètes récitaient des vers et les artisans façonnaient l'essence de la ville. La Casbah n'est pas seulement un site historique

; c'est un monument vivant, où le passé coexiste avec le présent et où les histoires de ses habitants sont tissées dans chaque pierre.

Mais l'histoire de l'Algérie ne se limite pas aux ruines monumentales ou à l'architecture ancienne. Elle vit dans les visages de ses habitants, au rythme de leur vie et dans les traditions qui lient les générations. C'est dans la musique qui résonne dans les rues, dans les épices qui imprègnent la cuisine et dans les festivals qui remplissent l'air de célébration.

En explorant ces trésors historiques, n'oubliez pas que l'histoire de l'Algérie n'est pas seulement une relique du passé ; c'est un héritage vivant qui façonne le présent. Les couches de civilisations et de cultures qui ont prospéré ici ont créé une nation aussi complexe et diversifiée que les motifs complexes qui ornent son architecture. L'histoire de l'Algérie est un récit qui ne se déroule pas seulement dans les manuels scolaires, mais aussi dans les yeux de son peuple, dans la chaleur de son hospitalité et dans les histoires qu'il est désireux de partager. Alors, plongez-vous dans ce voyage dans le temps et laissez les échos du passé guider vos pas alors que vous naviguez dans le présent vibrant de l'Algérie.

Tapisserie de cultures : embrasser la diversité

S'aventurer en Algérie, c'est comme entrer dans un royaume où les cultures convergent, s'entrelacent et créent une mosaïque vivante d'expériences humaines. En parcourant cette nation captivante, préparez-vous à être immergé dans une tapisserie qui reflète la coexistence harmonieuse de diverses influences – une mélodie harmonieuse composée d'histoires, de langues et de traditions.

L'Algérie se présente comme un carrefour de continents, un carrefour où les fils de l'Afrique, de l'Europe et du monde arabe s'entrelacent harmonieusement. Cette riche convergence est visible dans le tissu même de la société algérienne. Dans les villages de montagne, où les sommets s'élèvent jusqu'au ciel, on parle au rythme des dialectes berbères, témoignage de l'héritage durable des communautés autochtones. Ces dialectes, prononcés à travers les générations, tissent des histoires de résilience, de lien avec la terre et d'un mode de vie transmis au fil du temps.

Mais ce n'est pas seulement dans les mots que la diversité culturelle algérienne s'exprime. C'est dans les saveurs qui ornent les assiettes, les arômes qui flottent dans les cuisines et les rituels qui rythment le quotidien.

Imaginez-vous assis devant un repas de couscous et de tajine, des plats qui incarnent l'essence des siècles – un héritage culinaire transmis de génération en génération. Le mélange des épices, la superposition des saveurs et les rituels de partage transforment la restauration en un voyage sensoriel à travers l'histoire.

Allez plus loin dans la tapisserie et vous découvrirez les motifs complexes des traditions islamiques qui s'entremêlent avec la vie quotidienne. Ici, la religion ne se limite pas aux espaces sacrés ; c'est tissé dans le tissu de l'existence. Les appels résonnants à la prière marquent le rythme de la journée, invitant à la réflexion, à la connexion et à une pause au milieu de l'agitation du monde. Les marchés, les rues et les maisons s'animent avec un sentiment palpable de spiritualité, alors que les enseignements de l'Islam guident les actions, les interactions et les perspectives.

Mais le véritable attrait de la diversité culturelle algérienne ne réside pas seulement dans ses traditions ; c'est la vivacité du présent qui vous attire. Le cœur de la nation bat au rythme de son art, de sa musique et de ses festivals – échos d'une âme collective qui s'exprime sous des formes vibrantes. Pendant que vous plongez dans la culture algérienne, laissez-vous emporter par les rythmes envoûtants de la musique traditionnelle. Imaginez des danseurs vibrants virevoltant dans des costumes colorés lors de festivals, incarnant la joie, la célébration et l'unité. Ces moments ne sont pas de simples spectacles ; ce sont des invitations à participer à l'exubérance d'une culture qui sait se délecter de la vie.

Et puis il y a l'hospitalité, pierre angulaire de l'identité algérienne. Une chaleur qui émane de tous les coins, vous invitant à partager leurs histoires, leurs rires et leurs expériences. Ici, un étranger est un ami qui attend de se faire, et chaque interaction est une opportunité de se connecter, d'apprendre et de créer des souvenirs impérissables.

La tapisserie culturelle algérienne est un chef-d'œuvre, mais elle ne se limite pas aux murs des musées ou aux livres d'histoire. C'est une entité vivante et respirante qui vous invite non seulement à observer, mais à ressentir, absorber et chérir. Chaque rencontre, qu'il s'agisse d'une conversation avec un local, du goût d'un plat ou du déhanché au son de la musique, ajoute un fil conducteur à ce design complexe.

En parcourant l'Algérie, vous réaliserez que vous n'êtes pas qu'un simple spectateur ; vous participez à la grande symphonie de la diversité. Avec chaque pas, chaque goût et chaque sourire, vous contribuez au chef-d'œuvre en constante évolution qu'est le patrimoine culturel algérien. Alors, ouvrez votre cœur, adoptez les myriades de teintes de cette tapisserie et laissez-vous emporter par la magie qui se déploie lorsque les cultures convergent.

Avant de partir : informations essentielles sur les voyages

Votre voyage en Algérie ne consiste pas seulement à embarquer pour un voyage physique ; c'est une odyssée transformatrice qui vous mènera à travers des paysages qui reflètent la tapisserie de l'histoire et des cultures qui vous embrassent comme des amis perdus depuis longtemps. Mais avant de poser le pied sur le sol algérien, il y a des préparatifs à faire, des aspects pratiques à considérer et un monde de connaissances à acquérir. Ce chapitre est votre guide, votre feuille de route pour garantir que votre exploration de l'Algérie soit non seulement fluide mais aussi profondément enrichissante.

1. Exigences de visa et documentation

Chaque aventure commence par des formalités administratives, et votre voyage en Algérie ne fait pas exception. Les exigences en matière de visa varient en fonction de votre nationalité, du but du voyage et de la durée prévue du séjour. Il est impératif de rechercher les réglementations spécifiques aux visas de votre pays et de prévoir suffisamment de temps pour le processus de demande. Que vous ayez besoin d'un visa touristique, d'un visa d'affaires ou de toute autre catégorie, vous assurer que vous disposez des documents nécessaires rendra votre entrée en Algérie fluide et sans tracas.

2. Meilleurs moments pour visiter

La géographie diversifiée de l'Algérie se traduit par des conditions météorologiques variables, qui à leur tour influencent les meilleurs moments pour visiter différentes régions. Les zones côtières bénéficient d'un climat méditerranéen, avec des températures agréables du printemps à l'automne. Le désert du Sahara, cependant, peut être extrêmement chaud en été et étonnamment froid pendant les nuits d'hiver. Les saisons intermédiaires du printemps (mars à mai) et de l'automne (septembre à novembre) sont généralement considérées comme idéales pour une exploration équilibrée des paysages désertiques et urbains.

3. Budgétisation de votre aventure

Lorsque vous vous lancez dans un voyage d'immersion culturelle et d'émerveillement des paysages, il est important de prévoir un budget judicieusement pour garantir une expérience enrichissante. L'Algérie offre une gamme d'hébergements, des hôtels de luxe dans les centres urbains aux maisons d'hôtes confortables dans des oasis isolées. Les coûts de la nourriture, du transport et des activités peuvent varier considérablement en fonction de vos préférences. La recherche et la planification vous aideront à allouer efficacement vos ressources et à tirer le meilleur parti de votre séjour en Algérie.

4. Considérations en matière de santé et de sécurité

Votre bien-être est primordial et la préparation d'un voyage en toute sécurité implique de comprendre les précautions sanitaires. Consultez votre professionnel de la santé pour obtenir des vaccins et des conseils de santé avant de voyager en Algérie. De plus, il est conseillé de souscrire une assurance voyage complète qui couvre les urgences médicales, les perturbations imprévues du voyage, etc. Familiarisez-vous avec les coutumes et réglementations locales et restez informé de la situation sécuritaire locale.

5. Étiquette culturelle et sensibilité

La riche tapisserie culturelle algérienne est tissée de traditions et de coutumes qui méritent le respect. Apprendre quelques phrases de base en arabe ou en berbère peut grandement contribuer à nouer des liens avec la population locale. La modestie vestimentaire est généralement appréciée, en particulier dans les zones les plus conservatrices. Être réceptif aux coutumes locales, comme retirer vos chaussures avant d'entrer chez quelqu'un, montre votre respect pour la culture que vous visitez.

En vous plongeant dans ce guide de voyage, n'oubliez pas que l'Algérie n'est pas qu'une destination sur une carte ; c'est une incarnation de l'histoire, une toile de paysages et une mosaïque de cultures. Des souks animés aux ruines antiques, chaque page de ce chapitre et au-delà vous guidera vers un voyage de découverte, de connexion et d'émerveillement. Attachez votre ceinture en vous lançant dans cette aventure, car l'étreinte de l'Algérie ne ressemblera à aucune autre. Le voyage commence maintenant, et chaque aperçu de ce guide ouvrira la voie à une exploration qui traverse le temps, la géographie et l'essence même de l'humanité.

Chapitre 2

CRÉER VOTRE ITINÉRAIRE

J'étais enthousiasmé à l'idée de voyager en Algérie depuis les États-Unis, et planifier le voyage était un défi passionnant. Tout d'abord, j'ai mené des recherches approfondies sur la culture, les attractions et la météo du pays afin de décider du meilleur moment pour le visiter. Une fois que j'ai eu un itinéraire approximatif en tête, j'ai commencé à organiser les documents nécessaires.

J'ai demandé un visa touristique algérien auprès de leur ambassade, ce qui exigeait un passeport valide, des photos au format passeport et un formulaire de demande dûment rempli. Après avoir reçu le visa, j'ai réservé mes vols, en m'assurant de trouver les options les plus pratiques et les plus rentables.

Pour garantir un voyage sans problème, j'ai souscrit une assurance voyage pour couvrir toute urgence médicale ou liée au voyage imprévue. J'ai également consulté une clinique de voyage pour obtenir les vaccins et les conseils de santé nécessaires à mon voyage. Rester connecté était important, j'ai donc recherché les options de cartes SIM locales pour avoir accès aux données et aux communications tout au long de mon séjour.

La langue était une autre considération, alors j'ai commencé à apprendre quelques phrases de base en arabe et en français pour faciliter la communication. J'ai également fait des photocopies de documents importants comme mon passeport, mon visa et mon assurance voyage, en les conservant séparément des originaux.

La recherche d'hébergement était un mélange d'enthousiasme et de planification minutieuse. J'ai recherché des hôtels situés au centre et bénéficiant de bonnes critiques de la part d'autres voyageurs. En réservant à l'avance, j'avais la garantie d'avoir un endroit confortable où séjourner à mon arrivée.

En ce qui concerne mes bagages, j'ai pris en compte le climat et prévu différents scénarios météorologiques. J'ai emballé des vêtements appropriés, des chaussures de marche confortables et des articles essentiels comme un adaptateur secteur et une petite trousse de premiers soins.

Avant de partir, j'ai informé ma banque de mes dates de voyage pour éviter tout problème avec ma carte de crédit à l'étranger. J'ai également informé un membre de ma famille ou un ami de mon itinéraire et partagé des copies de mes documents de voyage avec eux, garantissant ainsi que quelqu'un chez moi connaissait mes projets.

À l'approche de la date de départ, j'ai revérifié tous mes arrangements et me suis assuré d'avoir une liste de contrôle à cocher avant de partir. Avec tous les préparatifs en place, je me sentais prêt et excité à l'idée de me lancer dans mon voyage en Algérie, impatient de me plonger dans la riche culture et les expériences uniques du pays.

Navigation dans l'entrée : essentiels sur les visas et l'arrivée

Lorsque vous entreprenez un voyage international, les premières mesures que vous prenez peuvent influencer considérablement la trajectoire de votre voyage. Naviguer pour entrer dans un pays étranger implique un processus à multiples facettes qui englobe la compréhension des exigences en matière de visa et la maîtrise des éléments essentiels à l'arrivée. Approfondissons ces aspects :

1. Compréhension Exigences en matière de visa : les politiques en matière de visa sont complexes et dépendent de nombreux facteurs, notamment votre nationalité, le but de votre visite et la durée prévue de

votre séjour. Différents pays font preuve de degrés divers de clémence en matière de visas. Certaines destinations peuvent exiger que vous demandiez un visa à l'avance, vous accordant ainsi l'autorisation d'entrer avant même de mettre les pieds sur leur territoire. À l'inverse, certains endroits proposent des visas à l'arrivée, rationalisant ainsi votre processus d'entrée. Pour les voyageurs chanceux, certains pays proposent une entrée sans visa pour les titulaires de passeports de pays spécifiques, réduisant ainsi le besoin d'un visa pré-approuvé.

Une recherche approfondie sur les exigences de visa de votre destination est primordiale. Les sites Web gouvernementaux et les ressources de voyage réputées peuvent être de précieuses sources d'informations. Comprendre les subtilités des types de visa, des processus de demande et des frais associés vous permettra de prendre des décisions éclairées et de planifier votre voyage en toute transparence. N'oubliez pas qu'il est crucial de demander un visa bien avant votre départ, car les délais de traitement peuvent varier considérablement.

2. Arrivée Essentiels : S'armer de connaissances sur les conditions et les procédures d'entrée donne le ton pour un début d'aventure en douceur et sans tracas. Les éléments essentiels à l'arrivée englobent une série de

tâches méticuleuses qui contribuent à une entrée fluide dans la destination que vous avez choisie.

Remplir les cartes d'arrivée est une pratique courante qui aide les autorités à suivre les visiteurs et leur objectif d'entrée. Les déclarations en douane, quant à elles, jouent un rôle central pour garantir le respect des réglementations du pays concernant les marchandises importées. Il s'agit d'une étape cruciale pour éviter tout malentendu ou complication lors de l'entrée.

Fournir les documents nécessaires est une autre facette intégrante d'une arrivée réussie. Une preuve d'hébergement, souvent exigée, souligne votre préparation et votre engagement à respecter les lois locales. Les billets d'avion aller-retour prouvent votre intention de respecter la durée de séjour stipulée. De plus, posséder une assurance voyage complète vous protège contre les urgences imprévues, démontrant ainsi votre responsabilité en tant que voyageur.

En vous occupant consciencieusement de ces éléments essentiels à l'arrivée, vous améliorez votre préparation à naviguer en toute transparence dans les procédures de douane et d'immigration. Cette approche proactive accélère non seulement votre entrée, mais exprime également votre respect des règles et réglementations du pays hôte.

Chronométrez votre aventure : saisons optimales à explorer

Le timing de votre projet de voyage a le pouvoir de métamorphoser votre voyage d'ordinaire en extraordinaire. Plongeant au cœur de « Timing Your Adventure : Optimal Seasons to Explore », découvrons l'impact profond que le choix du bon moment pour embarquer dans votre expédition peut avoir sur votre expérience globale.

1. Recherche Saisons optimales : sans aucun doute, le point crucial de cet effort réside dans la recherche et la sélection méticuleuses des saisons optimales pour vous immerger dans la beauté et la culture de la destination que vous avez choisie. La météo joue un rôle central, influençant tout, des activités auxquelles vous pouvez participer jusqu'aux vêtements que vous devrez emporter. Avoir un aperçu des modèles climatiques typiques peut vous éviter des désagréments inattendus et garantir que votre aventure reste confortable et agréable.

De plus, les fêtes et festivals locaux sont des portes d'entrée vers une compréhension plus profonde de la culture et des traditions du lieu que vous visitez. Faire coïncider votre voyage avec ces célébrations peut enrichir votre expérience et offrir un aperçu de l'âme de la destination.

2. Hors pointe vs hautes saisons : Entreprendre votre voyage pendant la haute saison revient à découvrir un joyau caché. L'attrait réside dans la tranquillité et l'authenticité qui accompagnent moins de monde. Imaginez-vous flâner librement dans les rues historiques, savourant l'arôme des spécialités locales flottant dans l'air sans vous bousculer dans les foules de touristes. Non seulement cela promet une atmosphère plus sereine, mais cela s'accompagne également souvent de l'avantage supplémentaire de prix réduits sur l'hébergement, les attractions et même les vols.

Il est toutefois impératif d'aborder les saisons creuses avec discernement. Bien que le manque de foule et les économies de coûts soient attrayants, certains inconvénients méritent d'être pris en considération. Certaines attractions peuvent fonctionner selon des horaires limités ou même fermer temporairement. La météo, bien que potentiellement maussade, peut également limiter vos activités de plein air.

De l'autre côté du spectre, profiter des hautes saisons apporte son lot de récompenses. L'énergie vive des rues animées et des marchés animés peut être revigorante. Les événements spéciaux et les festivités qui ont lieu uniquement pendant ces périodes offrent l'opportunité de s'impliquer dans la culture locale de manière unique.

Cependant, il est crucial de se préparer à des foules plus nombreuses, à des prix plus élevés et à la possibilité que les réservations soient rares.

3. Frapper l'équilibre : La sélection du moment optimal pour votre aventure nécessite de trouver un équilibre entre vos préférences, vos priorités et ce que la destination a à offrir. Un examen attentif de vos intérêts, qu'ils soient centrés sur l'exploration tranquille, l'engagement culturel immersif ou les activités qui font monter l'adrénaline, vous aidera à prendre une décision éclairée.

Dans le domaine du voyage, il n'existe pas de réponse universelle. Les besoins et les désirs de chaque voyageur sont aussi uniques que les destinations qu'il explore. En combinant des facteurs tels que la météo, les événements locaux, les foules et les coûts, vous créerez une expérience qui résonnera avec votre esprit et capturera l'essence du lieu dans lequel vous vous aventurez.

Expédition financière : questions de budgétisation et de devises

Se lancer dans un voyage n'est pas seulement une aventure passionnante, mais aussi un exercice de planification et de gestion financière. Le succès de votre voyage dépend de votre capacité à élaborer un budget méticuleux et à naviguer dans les subtilités des questions monétaires. Voici une exploration approfondie de ces aspects cruciaux :

1. Fabrication un budget complet : un budget bien structuré jette les bases d'une expérience de voyage enrichissante. Pour en créer un, une recherche minutieuse est votre alliée. Plongez dans les nuances de la destination que vous avez choisie pour déchiffrer le coût des éléments essentiels tels que l'hébergement, le transport, la nourriture et les activités. Cependant, ne vous arrêtez pas là : ne négligez rien. Tenez compte des dépenses imprévues potentielles, notamment les frais de visa, l'assurance voyage et même les souvenirs alléchants qui pourraient attirer votre attention.

Cette diligence budgétaire est plus qu'un simple exercice financier ; c'est un outil stratégique qui vous permet de gérer efficacement vos ressources. Non seulement cela évite le stress des surprises financières pendant votre voyage, mais cela vous permet également d'allouer des fonds pour ces expériences spéciales qui peuvent transformer un bon voyage en un voyage inoubliable.

2. Navigation Questions de change : Comprendre la monnaie locale et les taux de change est un aspect essentiel de la planification financière. Il est conseillé

d'échanger une petite somme d'argent avant votre départ contre des dépenses immédiates à votre arrivée. Cela garantit que vous n'êtes pas pris au dépourvu par des dépenses initiales telles que le transport depuis l'aéroport ou un repas rapide.

Pour des sommes plus importantes, recourir aux guichets automatiques et aux cartes de crédit/débit s'avère souvent être une option plus rentable. Les distributeurs automatiques offrent généralement des taux de change compétitifs, et retirer de la monnaie locale selon les besoins minimise le risque de transporter trop d'argent liquide. N'oubliez cependant pas d'informer votre banque de vos dates de voyage et de vos destinations afin d'éviter tout problème inattendu d'utilisation de votre carte à l'étranger.

Gardez un œil sur les taux de change avant votre voyage. Les fluctuations du marché des devises peuvent avoir un impact sur votre pouvoir d'achat. Comprendre les taux de change vous permet de prendre des décisions éclairées sur le moment et le lieu d'échanger votre argent.

Préparations financières stratégiques : Vos préparations financières vont au-delà des chiffres ; ils impliquent prévoyance et adaptabilité. En parcourant de nouveaux territoires, vous pourriez rencontrer des situations où l'argent liquide est roi. Dans certaines régions éloignées ou marchés locaux, l'acceptation des cartes de crédit peut être limitée. Avoir une petite réserve de monnaie locale peut être un atout précieux dans de tels scénarios.

De plus, l'adoption de solutions numériques peut simplifier vos efforts financiers. Utilisez des applications de budgétisation pour suivre les dépenses en temps réel, vous assurant ainsi de respecter vos limites financières. Les méthodes de paiement numériques et les applications bancaires mobiles peuvent également être incroyablement pratiques, vous permettant d'effectuer des transactions sécurisées lors de vos déplacements.

Secure Ventures : donner la priorité à la sécurité et au bien-être

Embarquer pour un voyage vers des terres lointaines est une expérience exaltante, mais elle s'accompagne de la responsabilité de garantir votre sécurité et votre bien-être. L'accent mis par le chapitre sur les « entreprises sécurisées » souligne l'importance primordiale de rester vigilant et préparé tout au long de votre voyage.

Rechercher les situations de sécurité : Avant de mettre les pieds dans un pays étranger, mener une recherche approfondie sur la situation de sécurité de votre destination est une étape non négociable. Les avis aux voyageurs du gouvernement fournissent des informations inestimables sur les risques potentiels, notamment l'instabilité politique, les catastrophes naturelles ou les problèmes de santé. L'inscription auprès de votre ambassade ou consulat vous offre une bouée de sauvetage, vous garantissant de recevoir des mises à jour et une assistance en temps opportun si le besoin s'en fait sentir. Cette mesure proactive crée un filet de sécurité, vous assurant que de l'aide est facilement disponible.

1. Santé et bien-être : donner la priorité à votre santé et à votre bien-être est essentiel pour un voyage réussi. Une trousse de premiers soins bien garnie sert de mesure de sécurité portable, contenant des médicaments essentiels, des bandages et des articles personnels adaptés à vos besoins. Comprendre le système de santé local, y compris les établissements médicaux et les pharmacies à proximité, vous permet d'accéder rapidement à des soins médicaux si nécessaire. Rester hydraté, se reposer suffisamment et reconnaître ses limites sont des stratégies pour prévenir l'épuisement physique et mental et vous assurer de pouvoir savourer chaque instant de votre aventure.

2. Protéger Vos biens : Cultiver un sentiment de sécurité s'étend à la garde de vos biens. Utilisez des serrures pour sécuriser vos sacs et vos biens, dissuadant ainsi les

voleurs potentiels. La dissimulation d'objets de valeur, comme les appareils électroniques et les bijoux, atténue le risque d'attirer une attention indésirable. La vigilance dans les lieux très fréquentés est essentielle, car ces environnements peuvent être des terrains propices aux vols à la tire et aux arnaques.

3. Documenter Sauvegarde : La sauvegarde des documents essentiels est la pierre angulaire d'un voyage sécurisé. Avoir des photocopies de documents cruciaux tels que votre passeport, votre visa et votre assurance voyage constitue une solution de secours en cas de perte ou de vol. Le stockage de ces photocopies séparément des originaux offre une couche de sécurité supplémentaire. Les copies numériques enregistrées sur une plate-forme basée sur le cloud peuvent également s'avérer inestimables.

Alors que vous vous lancez dans la perspective passionnante de l'élaboration d'un itinéraire de voyage, il est impératif de reconnaître qu'il ne s'agit pas simplement d'une simple liste de lieux à visiter, mais d'une orchestration réfléchie de divers éléments qui aboutissent à un voyage inoubliable. Le point culminant des exigences de visa, du calendrier, du budget, de la sécurité et du bien-être s'apparente à une symphonie, s'entrelaçant harmonieusement pour créer un chef-d'œuvre d'exploration.

Exigences en matière de visa : Plonger dans le paysage des visas de la destination que vous avez choisie revient à débloquer une passerelle. Chaque pays présente son propre ensemble de conditions d'entrée, et il est essentiel de comprendre ces conditions préalables. Comprendre les nuances des catégories de visa, les processus de demande et le calendrier nécessaire à leur acquisition constitue l'accord initial de cette symphonie. Être proactif dans vos recherches et vos candidatures garantit une entrée en douceur et élimine tout problème de dernière minute.

Timing : tout comme une mélodie progresse en rythme, le timing de votre voyage dicte son tempo. Les saisons, les conditions météorologiques et les fêtes locales sont les notes qui façonnent votre expérience. Décider d'affronter les foules pendant les hautes saisons ou de profiter de la tranquillité des heures creuses façonne le rythme de votre aventure. Les dimensions temporelles de votre itinéraire influencent les sites touristiques dont vous êtes témoin, les événements auxquels vous participez et l'atmosphère générale que vous absorbez.

Budgétisation : L'aspect financier est l'épine dorsale qui soutient l'ensemble de votre composition. Tout comme orchestrer un crescendo, la budgétisation nécessite une planification méticuleuse. La pondération des dépenses liées à l'hébergement, au transport, à la nourriture, aux activités et aux circonstances imprévues façonne votre paysage financier. La connaissance des taux de change, des prix locaux et des stratégies de réduction des coûts vous permet de trouver l'équilibre parfait entre indulgence et frugalité.

Sécurité et bien-être : le thème de la sécurité et du bien-être transparaît systématiquement dans chaque note de votre voyage. Élaborer votre itinéraire en pensant à la sécurité revient à créer un bouclier protecteur. Rechercher la situation en matière de sécurité, vous inscrire auprès des autorités et vous familiariser avec les systèmes de santé locaux constituent l'armure qui vous permet de traverser des pays étrangers en toute confiance. Donner la priorité aux soins personnels, qu'il s'agisse de rester hydraté ou de se prémunir contre l'épuisement professionnel, orchestre un concerto de bien-être qui résonne tout au long de votre voyage.

La composition harmonieuse : La conclusion de cette symphonie est le point culminant de votre itinéraire de voyage bien conçu. En orchestrant méticuleusement chaque élément (exigences de visa, calendrier, budget, sécurité et bien-être), vous posez non seulement les bases, mais vous réalisez un chef-d'œuvre complexe. Cette composition s'harmonise dans un voyage enrichissant et mémorable qui transcende l'ordinaire. L'expérience qui en résulte est celle où vous n'êtes pas simplement un spectateur, mais un participant, engagé dans des cultures, des paysages et des interactions qui laissent une empreinte indélébile dans votre âme.

En fin de compte, votre itinéraire de voyage est plus qu'un plan ; c'est une entreprise artistique. Tout comme un chef d'orchestre façonne une symphonie avec précision et passion, vous élaborez votre aventure avec une réflexion réfléchie, aboutissant à un mélange harmonieux de plaisir et de sécurité. Alors lancez-vous dans ce voyage symphonique, sachant que vos efforts pour sélectionner chaque note créeront une mélodie de découverte, de connexion et d'enrichissement.

Chapitre 3

ALGER EXPLORATION

Ma première semaine en Algérie : explorer Alger et me faire de nouveaux amis

Arriver à Alger a été une expérience exaltante. Les rues animées, le mélange de bâtiments modernes et d'architecture historique, ainsi que les sourires chaleureux des habitants ont tous contribué à un sentiment d'excitation et d'émerveillement. Ma première semaine à Alger a été un tourbillon d'exploration, d'immersion culturelle et de connexions inattendues.

Alors que je m'aventurais à la découverte des principales attractions de la ville, je ne pouvais m'empêcher de m'émerveiller devant les contrastes époustouflants qu'offrait Alger. La Casbah, avec ses ruelles labyrinthiques et ses portes au design complexe, m'a transporté dans une autre époque. Le Mémorial des Martyrs d'Alger, par sa beauté solennelle, est un témoignage poignant de l'histoire du pays.

Au cours de mes balades, j'ai eu le plaisir de croiser d'autres touristes qui, comme moi, avaient hâte de découvrir le cœur d'Alger. C'est grâce à des rencontres fortuites que j'ai noué des amitiés qui ont ajouté une couche de joie et de camaraderie à mon voyage.

Un jour, en explorant le souk El Kettani, j'ai engagé une conversation avec un couple français. Nous nous sommes liés par notre amour commun pour l'exploration de nouvelles cultures et de leurs bizarreries uniques. Alors que nous nous émerveillions devant la gamme d'objets artisanaux faits à la main et pratiquions nos meilleures techniques de marchandage avec les vendeurs locaux, nos rires ont rempli l'air. Nous avons même échangé des plaisanteries ludiques pour savoir qui pourrait trouver l'objet le plus insolite à acheter en souvenir.

Le soir, la vie nocturne animée d'Alger a servi de toile de fond à des interactions encore plus mémorables. J'ai rencontré un groupe de routards venus de différents coins du monde dans un bar animé sur le toit surplombant la Méditerranée. Nous avons échangé des récits de nos voyages, partagé des recommandations sur les trésors cachés de la ville et débattu de manière ludique pour savoir quel pays proposait la cuisine de rue la plus délicieuse.

La camaraderie la plus inattendue s'est peut-être formée lors d'une visite dans un café local proposant des spectacles de musique traditionnelle. Je me suis retrouvé assis à une table avec un groupe diversifié de voyageurs et d'habitants locaux, unis par notre appréciation pour les mélodies qui remplissaient l'air. Pendant que la musique jouait, nous nous sommes donnés la main et avons dansé en cercle, célébrant la joie d'être à Alger et de partager l'instant présent.

Tout au long de ma première semaine à Alger, j'ai réalisé que la blague et l'humour étaient des langages universels qui comblaient les différences culturelles. Les blagues que nous avons partagées allaient d'amusantes erreurs de langage à des taquineries bon enfant sur nos mésaventures d'exploration. Chaque rire et rire nous rappelait que malgré nos origines diverses, nous étions tous unis par l'esprit d'aventure et la curiosité de nous connecter avec le monde qui nous entoure.

En fin de compte, ma première semaine à Alger m'a non seulement fait découvrir la beauté de la ville, mais m'a également offert de nouvelles amitiés et des souvenirs inoubliables. Le mélange d'exploration, d'échange culturel et de rires partagés a créé une tapisserie d'expériences qui ont donné le ton au reste de mon voyage à travers l'Algérie.

À la découverte des principales attractions de la capitale

Le voyage à Alger, la capitale de l'Algérie, était un rêve devenu réalité. En mettant les pieds dans cette ville dynamique, j'ai immédiatement été captivée par son mélange unique d'histoire, de culture et de modernité. Explorer Alger était une aventure en soi, et les principales attractions qu'elle offrait étaient tout simplement fascinantes.

L'un des premiers arrêts de ma liste était l'emblématique Casbah d'Alger. Ce site classé au patrimoine mondial de l'UNESCO m'a transporté dans le temps avec ses rues étroites et sinueuses, ses bâtiments blanchis à la chaux et son architecture complexe. L'importance historique de la Kasbah était palpable alors que je me promenais dans ses ruelles, découvrant des cours cachées, d'anciennes mosquées et des portes magnifiquement ornées.

Le Mémorial des Martyrs d'Alger constitue un rappel poignant de la lutte de l'Algérie pour l'indépendance. Le design saisissant du monument, avec ses trois feuilles de palmier dressées, symbolisait la résilience et la liberté. Le musée situé au sein du mémorial a offert une expérience immersive, racontant le voyage de la nation vers la libération..

Plaisirs gastronomiques

Aucune exploration n'est complète sans se livrer aux délices culinaires locaux, et Alger n'a pas déçu. La cuisine algérienne offrait une délicieuse fusion d'influences méditerranéennes, arabes et berbères. J'ai savouré les saveurs des plats traditionnels comme le couscous, le tajine et les merguez, chacun bouchant un éclat d'épices aromatiques et de textures riches.

Une visite aux marchés animés de la ville m'a fait découvrir un monde de produits frais, d'herbes aromatiques et d'épices vibrantes. Les parfums du cumin, de la coriandre et du safran remplissaient l'air tandis que les vendeurs présentaient des gammes colorées d'olives, de dattes et de figues. En discutant avec les habitants, j'ai acquis un aperçu de la signification culturelle de chaque ingrédient et de la manière dont ils se sont réunis pour créer des chefs-d'œuvre culinaires algériens.

Thérapie de vente au détail et bazars

Alger offrait une expérience de shopping unique mêlant harmonieusement tradition et modernité. Les bazars, ou souks, de la ville étaient un trésor d'artisanat, de textiles et de céramiques complexes. J'ai passé des heures à errer dans les rues labyrinthiques du souk El Kettani, où les boutiques regorgeaient de tapis, d'articles en cuir et de bijoux faits main.

Pour une expérience shopping moderne, j'ai exploré les rues animées de l'avenue Didouche Mourad. Boutiques haut de gamme et marques internationales bordaient l'avenue, répondant aux envies de tous les passionnés de mode. Pourtant, c'est la juxtaposition de l'architecture historique et des vitrines contemporaines qui a véritablement capturé l'essence de l'identité changeante d'Alger.

Scène nocturne animée et divertissements

Au coucher du soleil, Alger s'est transformée en un autre royaume d'excitation. La vie nocturne de la ville était une tapisserie vibrante de divertissements, offrant quelque chose pour tout le monde. Des bars chics sur les toits offrant une vue panoramique sur la Méditerranée aux cafés animés accueillant des musiciens locaux, les options étaient infinies.

La passion algérienne pour l'art était évidente lorsque j'ai assisté à des spectacles de musique et de danse traditionnelles. Les battements rythmés des tambours et les mouvements gracieux des danseurs véhiculaient des histoires d'héritage et de célébration. Je suis même tombé sur un cinéma en plein air projetant des films algériens classiques, offrant une expérience cinématographique unique sous le ciel étoilé.

En conclusion, mon exploration d'Alger a été un chapitre rempli d'émerveillement, d'aventure et d'immersion culturelle. Les principales attractions, les plaisirs gastronomiques, la thérapie par le shopping et la scène nocturne animée se sont tous combinés pour créer une expérience aux multiples facettes qui a laissé une marque indélébile sur mon voyage à travers l'Algérie.

Chapitre 4

VOYAGE À TRAVERS LE DÉSERT DU SAHARA

L'attrait du désert du Sahara était un appel irrésistible qui résonnait en moi alors que je me lançais dans un voyage qui promettait d'être une aventure unique. La simple pensée de traverser la vaste étendue de ce désert emblématique a déclenché un sentiment d'anticipation que je n'avais jamais ressenti auparavant. En mettant le pied sur ce paysage aride, je savais que j'étais sur le point de me lancer dans un voyage extraordinaire qui resterait à jamais gravé dans la tapisserie de mes souvenirs.

Le voyage à travers le Sahara était plus qu'une simple expédition physique ; ce fut une expérience bouleversante qui m'a enveloppé dans un royaume d'enchantement. Les paysages qui se déroulaient sous mes yeux n'étaient rien de moins que des symphonies impressionnantes du talent artistique de la nature. Les dunes de sable ondulantes, comme des vagues figées dans le temps, s'élevaient vers le ciel dans un déploiement de grandeur qui humiliait même les voyageurs les plus intrépides. Chaque dune était un chef-d'œuvre sculpté par les mains patientes du vent, peint avec des nuances qui passaient harmonieusement du doré à l'ambre, puis aux teintes d'orange brûlé lorsque la position du soleil changeait dans le ciel.

Mais ce n'est pas seulement la splendeur visuelle qui m'a captivé ; c'est le sentiment d'être un petit point au milieu de ce vaste vide qui a suscité un mélange unique d'humilité et d'émerveillement dans mon cœur. Le silence qui enveloppait le désert était profond, interrompu seulement par le bruissement occasionnel des grains de sable ou le cri lointain d'un oiseau planant au-dessus. Dans cet isolement serein, j'ai trouvé un espace de réflexion et d'introspection, une chance de me détacher des complexités de la vie quotidienne et de me connecter à quelque chose de plus grand.

À chaque pas que je faisais, j'avais l'impression de parcourir les pages de l'histoire, sur les traces d'innombrables aventuriers, commerçants et explorateurs qui avaient traversé ce désert à la recherche de rêves, de survie ou de connaissances. Les histoires de caravanes chargées de produits exotiques, les murmures des anciennes routes commerciales et les légendes des tribus nomades ont tous ajouté des couches d'intrigue au paysage.

Alors que le soleil descendait sous l'horizon, projetant une lueur chaude et dorée sur les dunes, je me suis retrouvé plongé dans un moment qui transcendait le temps. Le désert devint une toile sur laquelle les cieux peignaient leurs plus magnifiques couleurs. Les étoiles émergeaient une à une, comme des diamants éparpillés sur une toile de velours, transformant le ciel nocturne en un spectacle à couper le souffle. Au cœur de ce panorama enchanteur, j'ai réalisé que l'attrait du Sahara m'avait effectivement transporté dans un autre monde, un monde d'une beauté sans limites, d'un émerveillement indompté et d'un lien avec l'essence même de notre planète.

Dans les pages de mon carnet de voyage, j'ai écrit mes pensées, tentant de capturer l'essence de ce voyage éthéré. Mais aucun mot ne pouvait vraiment résumer les émotions qui m'ont traversé – le mélange de révérence, d'exaltation et de gratitude pour avoir fait l'expérience de l'enchantement intemporel du Sahara. En fermant mon journal et en regardant l'horizon une dernière fois, je savais que cette aventure avait laissé une marque indélébile dans mon âme, une empreinte qui me rappellerait à jamais le charme fascinant du désert du Sahara.

Vastes dunes de sable et paysages uniques

Au fur et à mesure que je m'aventurais plus profondément dans le Sahara, le paysage s'est transformé en un chef-d'œuvre à couper le souffle de dunes de sable sans fin. Des dunes imposantes, sculptées par le vent au fil d'innombrables années, peignaient le paysage de teintes allant du doré à l'orange ardent. La taille et les contours ondulés des dunes me rendaient humble, me donnant l'impression d'être un petit point dans cette vaste mer de sable.

Le jeu d'ombres et de lumière sur les dunes était un spectacle à voir, surtout au lever et au coucher du soleil. L'étreinte chaude du soleil projetait des ombres allongées qui s'étendaient sur le sable onduleux, créant une atmosphère surréaliste et éthérée. C'était comme si le temps s'était arrêté dans ce coin du monde serein et intact.

Plongez dans les traditions nomades

Mon voyage ne consistait pas seulement à observer la grandeur physique du Sahara ; c'était aussi l'occasion de me plonger dans les riches traditions nomades qui ont prospéré dans ces conditions difficiles pendant des siècles. La rencontre avec les peuples touareg et berbère a été un moment fort de cette étape du voyage. Leur hospitalité et leurs connaissances sur la survie dans le désert étaient vraiment remarquables.

Partager des repas avec ces communautés a été une expérience qui a profondément marqué. M'asseoir autour d'un feu de camp, savourer des plats traditionnels et écouter des histoires transmises de génération en génération m'a donné un aperçu du lien profond que ces gens entretenaient avec la terre. Ils ont partagé leurs histoires de résilience, de navigation selon les étoiles et leurs pratiques séculaires de survie dans le désert.

Activités dans le désert (Trekking, Sandboard sur les dunes)

Le Sahara n'était pas seulement un paysage statique ; c'était une aventure qui attendait d'être explorée. J'ai participé à des randonnées dans le désert, où chaque étape était une leçon d'adaptation aux sables mouvants. Le silence du désert n'était ponctué que par le doux craquement de mes pas et le doux murmure du vent.

Et puis, il y a eu le sandboard. En escaladant une immense dune, j'ai attaché un sandboard et je suis descendu avec une montée d'adrénaline palpitante. En glissant sur les dunes, j'ai ressenti un mélange exaltant de liberté et d'exaltation, le vent dans mes cheveux et le sable sous moi créant une symphonie de sensations.

Sur les traces des anciennes caravanes du désert

En traversant le désert, je ne pouvais m'empêcher d'imaginer les anciennes caravanes qui traversaient autrefois ces sables, échangeant des biens et des cultures à travers les continents. Les vestiges des anciennes routes caravanières étaient comme des murmures de l'histoire portés par le vent. La prise de conscience que je suivais les traces de ceux qui avaient voyagé pour survivre et prospérer était à la fois une leçon d'humilité et une source d'inspiration.

En conclusion, mon voyage à travers le désert du Sahara était un chapitre de mon aventure que je chérirais pour toujours. Les vastes dunes de sable, les traditions nomades, les activités qui ont repoussé mes limites et le lien avec l'histoire se sont tous combinés pour créer une expérience à la fois introspective et exaltante. Le Sahara était plus qu'un désert ; c'était un témoignage vivant et respirant de la beauté et de la résilience de la nature et de l'humanité.

Chapitre 5

EXPLORER LES MERVEILLES
CÔTIÈRES

Un vendredi mémorable de ma visite en Algérie, j'ai fait
une charmante rencontre qui a ajouté une touche unique
à mon expérience de voyage. En passant du temps libre
dans un centre de loisirs local, j'ai eu la chance de
rencontrer deux jeunes Algériens d'à peu près mon âge.
Nos chemins se sont croisés alors que nous participions
tous à diverses activités au centre.

En engageant une conversation, nous avons rapidement
trouvé un terrain d'entente dans nos intérêts communs et
notre curiosité pour les cultures de chacun. Leur
enthousiasme à l'idée d'interagir avec quelqu'un
d'Amérique était palpable et leur attitude amicale m'a
immédiatement mis à l'aise. Nous avons commencé à
plaisanter sur les stéréotypes et les perceptions que nous
avions des pays de chacun, en utilisant l'humour pour
faire tomber les barrières.

Ils m'ont demandé de manière ludique si je possédais un
chapeau de cowboy et si je montais à cheval pour aller à
l'école aux États-Unis, une question qui nous a tous fait

rire de bon cœur. En réponse, je les ai taquinés en leur demandant s'ils montaient à dos de chameau pour se rendre au travail ou à l'école. Ces échanges légers ont non seulement permis de bien rire, mais ont également ouvert la porte à des conversations plus profondes sur nos vies, nos rêves et nos aspirations.

Au fil de la journée, nous avons partagé des histoires sur nos plats, musiques et films préférés. Ils étaient impatients d'en apprendre davantage sur la vie en Amérique au-delà de ce qu'ils avaient vu à la télévision ou entendu dans la culture populaire. De la même manière, j'avais envie de comprendre les réalités de la vie des jeunes algériens, leurs perspectives sur l'actualité et leurs rêves pour l'avenir.

Nous avons décidé de profiter au maximum de notre temps ensemble et d'explorer le centre récréatif en groupe. Nous avons participé à diverses activités, allant de matchs amicaux de tennis de table à l'essai de jeux d'arcade. Chaque instant était rempli de rires, de camaraderie et d'un véritable sentiment de connexion qui transcendait les différences culturelles.

Alors que le soleil commençait à se coucher, nous nous sommes assis au bord d'un petit étang dans les locaux du centre, profitant d'une atmosphère calme et paisible. Les conversations ont pris une tournure plus réfléchie et nous avons discuté de nos expériences personnelles, de nos défis et de l'importance de favoriser la compréhension interculturelle. C'était réconfortant de réaliser que malgré nos origines diverses, nous partagions des rêves et des valeurs communs.

Alors que la soirée touchait à sa fin, nous avons échangé nos coordonnées avec la promesse de rester en contact. Même si notre rencontre a été brève, l'impact qu'elle a eu sur moi a été profond. La rencontre de ces deux jeunes hommes m'a permis de vivre l'Algérie plus profondément, au-delà des sites touristiques habituels. Cela a renforcé l'idée selon laquelle malgré nos différences géographiques et culturelles, les liens humains sont universels et peuvent se forger grâce à des rires partagés, des conversations significatives et un cœur ouvert.

La beauté des plages méditerranéennes

Alors que j'entamais mon voyage en Algérie, l'un des aspects qui m'a le plus enthousiasmé était la perspective d'explorer les superbes plages méditerranéennes qui ornent son littoral. L'attrait des eaux turquoise cristallines et du sable doré était irrésistible. Chaque plage que j'ai visitée semblait avoir un charme distinct, des plages urbaines animées aux criques cachées, à l'écart du monde.

À Alger, la capitale, j'ai expérimenté la juxtaposition de modernité et de beauté naturelle sur la plage de Sidi Fredj. Les eaux cristallines étaient parfaites pour la baignade, tandis que le fort historique voisin ajoutait une touche d'histoire au paysage. En se déplaçant vers l'ouest le long de la côte, la plage Les Andalouses de Tipaza m'a laissé en admiration avec son rivage en forme de croissant entouré de collines verdoyantes.

Villes pittoresques le long du littoral

L'un des aspects les plus enchanteurs de l'exploration de la côte algérienne a été la découverte des villes pittoresques qui parsèment le littoral. Ces villes semblaient figées dans le temps, conservant un charme et une authenticité vraiment envoûtants.

Tlemcen, avec son architecture médiévale et ses rues pavées, offrait un aperçu du passé. La proximité de la ville avec la Méditerranée m'a permis de profiter à la fois des sites historiques et de la beauté de la côte à une courte distance. En me promenant dans les rues d'Annaba, j'ai été fasciné par l'influence coloniale française et le mélange de cultures qui ont façonné le caractère unique de la ville.

Sports nautiques et activités récréatives passionnants

Pour les passionnés d'aventure, les merveilles côtières algériennes offrent également un terrain de jeu de sports nautiques et d'activités récréatives palpitantes. Les eaux calmes de la Méditerranée ont servi de toile de fond idéale pour diverses activités adaptées à différents goûts et niveaux de compétence.

La plage de Djezzy à Oran était un haut lieu de la planche à voile et du kitesurf. L'exaltation de glisser sur les vagues tout en étant entouré par la beauté de la côte était une expérience pas comme les autres. Les amateurs de plongée sous-marine pourraient explorer le monde sous-marin animé près de la côte, découvrir une vie marine colorée et d'anciennes épaves qui contenaient des histoires du passé.

Initiatives dédiées à la conservation marine

Au milieu de la joie d'explorer les merveilles côtières, j'ai eu le plaisir de découvrir les initiatives dédiées de l'Algérie en faveur de la conservation marine. Le gouvernement algérien et les organisations locales ont pris des mesures pour protéger les écosystèmes marins fragiles et promouvoir des pratiques touristiques durables.

Les zones marines protégées comme le parc national de Taza ont démontré l'engagement en faveur de la préservation de la biodiversité et des habitats naturels. Des programmes éducatifs et des campagnes de sensibilisation visaient à informer les habitants et les visiteurs de l'importance de la sauvegarde du milieu marin.

À la fin de mon voyage côtier, je n'ai pas pu m'empêcher d'apprécier le mélange harmonieux de beauté naturelle, de patrimoine culturel et d'efforts de tourisme responsable qu'offrait le littoral algérien. Le chapitre de mon aventure m'a fourni non seulement des vues à couper le souffle, mais aussi une compréhension profonde de l'équilibre délicat entre le plaisir humain et la préservation de l'environnement.

Chapitre 6

À LA RECHERCHE DES TRÉSORS HISTORIQUES

Je me souviens très bien qu'un jour, alors que je me promenais dans les rues étroites et sinueuses d'Alger, en Algérie, je suis tombé sur un café pittoresque niché dans un coin tranquille. Sa façade patinée et l'arôme du café fraîchement moulu m'ont attiré, offrant un moment de répit loin de l'agitation de la ville. Je ne savais pas que cette rencontre fortuite me mènerait à une rencontre remarquable avec un vieil homme qui détenait les clés de l'histoire ancienne de l'Algérie.

Assis à une table d'angle, je savourais ma tasse de café algérien fort lorsqu'un monsieur âgé au visage sage s'est approché de moi. Ses yeux brillaient d'un mélange de curiosité et de sagesse, et peu de temps après, nous étions plongés dans une conversation qui façonnerait à jamais ma compréhension de ce pays captivant.

Il s'est présenté comme Mustafa, un historien local et un gardien des traditions orales transmises de génération en génération. Sa voix, une mélodie apaisante, portait le poids des années vécues et des histoires racontées. Au fil de notre conversation, il a commencé à démêler la tapisserie de l'histoire de l'Algérie, m'emmenant dans un voyage fascinant à travers le temps.

Avec des descriptions vivantes, Mustafa a brossé un tableau d'anciennes tribus berbères qui parcouraient les vastes paysages désertiques, laissant leurs marques sous la forme d'art rupestre et de monuments énigmatiques. Il a raconté l'histoire de commerçants phéniciens qui ont établi des colonies côtières, interagissant avec les cultures autochtones et façonnant la mosaïque culturelle de la région.

Le récit de Mustafa s'est parfaitement intégré à l'époque romaine, où il a décrit les rues animées de Tipasa, Timgad et Djémila, des villes autrefois prospères qui témoignaient de la grandeur de la civilisation romaine. Il a dépeint de manière vivante les interactions entre Romains et Berbères, la fusion des cultures et les merveilles architecturales qui se dressent encore fièrement aujourd'hui.

Ses histoires m'ont transporté à l'époque des conquêtes arabes, où je pouvais presque entendre les échos des muezzins appelant à la prière depuis les imposants minarets. Les dynasties qui ont régné, les érudits qui ont prospéré et les mosquées complexes qui ornaient le paysage : les paroles de Mustafa ont insufflé la vie aux murmures silencieux de l'histoire.

Alors que notre conversation touchait à sa fin, j'ai ressenti un profond sentiment de gratitude pour les connaissances que Mustafa avait partagées. Sa passion pour la préservation du patrimoine algérien était palpable et je savais que je voulais lui montrer mon appréciation. Avec un sourire sincère, je lui ai offert une petite somme d'argent en signe de gratitude pour son temps et les connaissances inestimables qu'il nous avait transmises.

Les yeux de Mustafa pétillèrent d'appréciation et il accepta le geste avec grâce. En quittant le café, je n'ai pas pu m'empêcher de réfléchir au hasard de notre rencontre. J'avais non seulement appris l'histoire ancienne de l'Algérie, mais j'avais également noué un lien avec une âme sœur qui se consacrait à faire vivre ses histoires.

Ce jour-là, j'ai quitté le café le cœur émerveillé et l'esprit enrichi par la sagesse de Mustafa. Les histoires du vieil homme avaient insufflé la vie aux pierres et aux sables d'Algérie, et j'emportais ses paroles avec moi comme un trésor précieux de mon voyage dans les profondeurs de cette terre captivante.

Préserver les sites du patrimoine mondial reconnus par l'UNESCO

L'Algérie est extrêmement fière de ses sites classés au patrimoine mondial de l'UNESCO, chacun témoignant de l'importance historique du pays. Les ruines romaines exceptionnelles de Djémila, réputées pour leur architecture bien conservée, offrent une fenêtre sur la vie des anciens habitants. Le majestueux théâtre romain, les maisons au design complexe et les temples impressionnants mettent en valeur la grandeur de l'ingénierie et de l'esthétique romaines.

Timgad, un autre joyau de l'UNESCO, possède un plan de ville romaine étonnamment bien préservé. En se promenant dans ses rues, on peut imaginer la vie trépidante qui prospérait autrefois dans ce centre urbain animé. L'Arc de Trajan se dresse comme une sentinelle silencieuse, rappelant aux visiteurs la gloire passée de la ville.

À la découverte des ruines et des villes romaines antiques

Au-delà des sites UNESCO, l'Algérie abrite une pléthore de ruines et de villes romaines antiques moins connues. Tipasa, surplombant la Méditerranée, enchante par son amphithéâtre, ses basiliques et ses mosaïques complexes. L'ancienne ville de Tébessa, entourée de murailles qui ont résisté aux siècles, offre un aperçu des techniques de fortification romaine.

Immersion dans les splendeurs architecturales ottomanes et mauresques

Les influences ottomanes et mauresques dans l'architecture algérienne sont un témoignage captivant de l'histoire multiculturelle du pays. Alger, la capitale, possède la Casbah, un paysage urbain semblable à un labyrinthe qui raconte les histoires de la domination ottomane. Des cours complexes, de grandes mosquées et des palais ornés de tuiles vibrantes invitent les visiteurs à explorer ses recoins cachés.

Tlemcen, souvent surnommée la « Perle de l'Occident », présente une fusion d'architecture arabe, berbère et andalouse. La Grande Mosquée avec ses motifs complexes en stuc et la mosquée Mansourah sont des exemples remarquables de la diversité architecturale de l'Algérie.

Dévoiler les histoires derrière les forteresses historiques

Les forteresses historiques de l'Algérie sont les gardiennes de son passé, chacune ayant sa propre histoire à raconter. Le Qal'at Beni Hammad, perché au sommet d'une montagne, rappelle la dynastie des Hammadides, tandis que le Fort Santa Cruz sur l'île du Pharaon raconte l'histoire des puissances successives qui ont revendiqué les rives de la Méditerranée.

La citadelle de Timgad, située au sommet d'une colline, offre une vue panoramique sur le paysage environnant et un aperçu de l'importance stratégique de ces forteresses dans l'Antiquité. Ces forteresses affichent non seulement des prouesses architecturales impressionnantes, mais reflètent également les contextes socio-politiques de leur époque.

En conclusion, les trésors historiques de l'Algérie, tels qu'explorés dans ce chapitre, offrent un voyage immersif dans le temps. Des anciennes villes romaines aux splendeurs architecturales ottomanes et maures, et des sites reconnus par l'UNESCO aux récits de forteresses historiques, chaque coin de l'Algérie raconte des histoires de civilisations qui ont laissé leur marque indélébile sur ses paysages. Les voyageurs qui se lancent dans cette exploration historique sont récompensés par une profonde appréciation de la riche tapisserie culturelle algérienne et de son lien durable avec le passé.

Chapitre 7

IMMERSION CULTURELLE

Au cours de mon séjour de deux mois en Algérie, terre de diversité fascinante et de tapisseries culturelles, je me suis retrouvé embarqué dans un voyage personnel de découverte qui transcendait l'expérience touristique. En me promenant dans les rues animées d'Alger et en m'aventurant dans les oasis tranquilles du Sahara, j'ai vécu des moments qui sont restés gravés dans mon cœur, chacun étant un chapitre de ma quête pour comprendre et embrasser les cultures qui rendent l'Algérie unique.

Un souvenir particulièrement marquant me ramène aux marchés animés d'Alger. C'était une matinée ensoleillée et les ruelles labyrinthiques étaient animées de couleurs, de sons et d'une énergie vibrante impossible à exprimer avec des mots. Au milieu du brouhaha, je suis tombé sur un stand d'épices traditionnel, un trésor de parfums qui parlait d'anciennes routes commerciales et de riches traditions culinaires. Le propriétaire, un homme à la fois résistant et accueillant, a remarqué ma curiosité et a commencé à partager des histoires sur les épices – comment elles étaient obtenues, commercialisées et intégrées dans le tissu de la cuisine algérienne. Nous avons conversé dans un mélange d'arabe cassé, de gestes et de sourires, surmontant la barrière de la langue avec une passion commune pour les saveurs. À ce moment-là, je n'étais pas seulement un visiteur ; J'étais un autre chercheur de connaissances, apprenant non seulement sur les épices, mais aussi sur la résilience d'un peuple dont l'histoire était étroitement liée aux produits mêmes qu'ils vendaient.

Le Sahara, avec ses dunes toujours changeantes et ses paysages intemporels, a offert une autre rencontre profonde. Pendant ma randonnée avec un guide berbère local, nous nous sommes engagés dans un rythme de silence ponctué de conversations sporadiques. À travers des phrases entrecoupées et un respect partagé pour l'immensité qui nous entoure, j'ai commencé à comprendre le mode de vie nomade qui durait depuis des siècles. Un soir, alors que nous étions assis autour d'un feu de camp sous un ciel illuminé d'étoiles, mon guide a gratté une mélodie simple sur sa guitare. Sa voix, douce et patinée, portait une chanson qui faisait écho aux histoires d'innombrables générations. À cette époque, la culture n'était pas quelque chose d'abstrait ; c'était une entité vivante et respirante qui nous unissait autour du feu, sous la voûte céleste du Sahara.

Le point culminant de mon immersion culturelle est venu sous la forme d'un cours de cuisine traditionnelle. Guidé par une famille locale dans un petit village, j'ai enfilé un tablier et retroussé mes manches pour apprendre l'art de préparer le couscous, pierre angulaire de la cuisine algérienne. Les mains couvertes de farine et les rires ponctuant nos efforts communs, nous avons travaillé en équipe pour créer un plat qui portait les saveurs de l'Algérie et l'esprit de camaraderie qui transcende les frontières. Au fur et à mesure que nous savourions notre création, la table est devenue un symposium de cultures, où les histoires coulaient aussi librement que le thé aromatique.

En repensant à mon voyage à travers l'Algérie, je me rends compte que la culture ne s'apprend pas à distance. C'est une tapisserie tissée d'expériences – les conversations avec les marchands d'épices, les silences partagés avec les nomades du désert et les rires avec d'autres apprenants dans une humble cuisine. Ces rencontres ont façonné ma compréhension de la mosaïque culturelle algérienne et, par conséquent, ma propre perspective sur le monde. J'ai quitté l'Algérie non seulement avec des photographies et des souvenirs, mais avec un cœur plein d'histoires, un esprit enrichi par les expériences et une âme toujours connectée aux gens et aux cultures qui m'ont accueilli à bras ouverts.

Traditions berbères

Dans la tapisserie complexe de la culture algérienne, les fils des traditions berbères sont tissés avec les riches teintes de l'histoire et du patrimoine. En entrant dans ce monde, vous embarquez pour un voyage à travers le temps lui-même. Les Berbères, peuple autochtone d'Afrique du Nord, ont laissé une marque indélébile sur l'identité algérienne. Des montagnes escarpées de l'Atlas aux vastes oasis du Sahara, les coutumes berbères continuent de prospérer, faisant écho à des histoires de résilience, de talent artistique et d'un lien profond avec la terre.

Plongez-vous dans le rythme des rituels quotidiens, où les vêtements traditionnels tissent des histoires d'ascendance et où les tatouages complexes racontent des histoires de courage. Aventurez-vous au cœur des villages, où les rassemblements communautaires autour de tables remplies de couscous deviennent une symphonie de rires et d'histoires partagées. Avec des artisans transmettant leurs savoir-faire à travers les générations, plongez-vous dans la maîtrise du tissage de tapis, de la poterie et de la fabrication de bijoux, chaque pièce témoignant du lien indissoluble entre le passé et le présent.

Musique et danse traditionnelles

Alors que le soleil se couche sous l'horizon, une nouvelle mélodie émerge : la musique de l'âme algérienne. Des notes envoûtantes de la flûte au rythme rythmique des tambours, la musique traditionnelle est un pont entre les générations. Laissez la musique vous transporter à travers des récits anciens et des contes modernes, chaque note étant une étape dans la mosaïque complexe de la culture algérienne.

La danse, elle aussi, devient une forme d'expression qui transcende les mots. Les robes tourbillonnantes et les jeux de jambes rythmés reflètent la vivacité d'un peuple profondément lié à ses racines. En vous immergeant dans les mouvements des Chaabi, des Kabyles ou des Ahellil, vous découvrirez que la danse est plus qu'un art ; c'est une célébration de la vie elle-même.

Festivals et événements locaux

En Algérie, chaque saison apporte son lot de célébrations, une occasion d'unir les communautés et d'honorer les traditions séculaires. De l'exubérance de la fête de Yennayer marquant le nouvel an amazigh à la signification spirituelle du Ramadan, le calendrier est marqué par une tapisserie de fêtes.

Entrez au cœur de ces célébrations, où les rues s'animent de défilés vibrants, de musique traditionnelle et de délicieuses fêtes. Découvrez le Moussem de Ghardaïa, une vitrine fascinante des rituels soufis, ou perdez-vous sous les couleurs du Festival international de musique et de danse de Timgad. À travers ces événements, vous découvrirez non seulement la culture algérienne dans toute sa splendeur, mais vous vous retrouverez également plongé dans la chaleur et l'hospitalité des gens.

Séjours chez l'habitant et expériences rurales

Au milieu des villes animées et des paysages pittoresques se trouve un trésor d'authenticité : l'Algérie rurale. L'expérience d'une vie vous attend lorsque vous embarquez dans des séjours chez l'habitant qui vous invitent à vous mettre dans la peau des familles algériennes. Des murs ensoleillés des habitations du désert aux demeures confortables nichées dans les montagnes, vous ferez partie de leur monde.

Participez au rythme de la vie quotidienne, qu'il s'agisse de s'occuper des chèvres, de pétrir la pâte ou de partager des histoires autour d'un feu crépitant. Embrassez la simplicité de l'existence rurale, où l'air est parfumé de thé à la menthe fraîchement infusé et où le ciel s'étend à l'infini. Chaque instant passé dans ces paradis ruraux est une opportunité non seulement d'être témoin mais aussi de participer à un mode de vie qui a soutenu des générations.

Dans ce chapitre, l'immersion culturelle n'est pas seulement une option ; C'est une manière de vivre. En parcourant les paysages des traditions berbères, en dansant au rythme de mélodies intemporelles, en célébrant avec les locaux lors de festivals et en trouvant refuge dans l'étreinte rurale, vous comprendrez qu'en Algérie, la culture n'est pas une pièce de musée lointaine – c'est une vie. , entité respirante qui vous invite à rejoindre la danse de la vie elle-même.

Chapitre 8

EXPÉDITION À TRAVERS LES MONTS DE L'ATLAS

Les montagnes de l'Atlas, une colonne vertébrale colossale qui s'étend à la frontière nord de l'Afrique, témoignent de la grandeur de la nature. Au cœur de ce terrain accidenté, où le ciel et la terre se rencontrent, se déroule une aventure qui attire le voyageur intrépide. Le chapitre 8 du « Guide de voyage ultime pour l'Algérie 2023 » vous invite à vous lancer dans une odyssée inoubliable à travers les montagnes de l'Atlas, un royaume de sommets majestueux, de sentiers anciens, de villages berbères accueillants et d'une tapisserie de vie tissée par la flore et la faune.

Sommets majestueux de la chaîne de montagnes

Dans le royaume où le ciel et la terre convergent, où les anciens murmures du vent s'entremêlent aux récits du temps, les montagnes de l'Atlas se dressent comme des sentinelles de grandeur. Alors que les doigts tendres de l'aube caressent le monde, un spectacle à couper le souffle se déroule : le dévoilement de la splendeur royale des montagnes de l'Atlas. Chaque sommet émerge de l'ombre, enveloppé d'une teinte dorée éthérée, comme touché par un coup de pinceau céleste. C'est un moment qui transporte l'âme au cœur même du chef-d'œuvre de la nature.

Ces sommets, résolus et inébranlables, portent le poids des éternités sur leurs larges épaules. Ce sont les conteurs des âges passés, dont chaque courbe et pli grave une saga de merveilles géologiques et de forces anciennes. Alors que le soleil peint le ciel de teintes de rose et d'or, les montagnes partagent leur chronique : un récit de changements tectoniques, d'érosion incessante et du passage du temps marqué par les lignes de leurs faces accidentées.

Au-dessus du monde, là où les aigles glissent gracieusement à travers les étendues sans limites, les montagnes offrent une invitation audacieuse. Pour les aventuriers, ils offrent l'opportunité de gravir ces imposants monolithes, de franchir les limites des limites humaines et de se tenir sur leurs sommets comme témoins du monde d'en bas. Chaque pas vers le haut est un pèlerinage, une communion avec le passé de la terre et une embrassement de sa majesté actuelle.

Parmi ces géants, un seul règne en maître : Jabal Toubkal. Zénith de l'Afrique du Nord, il culmine à une hauteur stupéfiante de 13 671 pieds, un phare qui attire les grimpeurs avec son défi élevé et son élévation impressionnante. Pour ceux qui osent, le sommet devient une toile sur laquelle les rêves sont peints et les limites brisées. À chaque pas vers le haut, le monde se transforme : l'oxygène se raréfie, l'atmosphère éthérée et la perspective un kaléidoscope de respect.

A ces altitudes, les voyageurs sont enveloppés dans un silence presque sacré. Un silence qui n'est pas vide, mais chargé des échos des générations, des ambitions rencontrées et des épreuves affrontées. Alors qu'ils regardent depuis le sommet, un panorama de splendeur se déroule devant eux. Des vallées verdoyantes et sereines, des rivières berceuses qui tracent les contours du territoire, gravant le paysage comme les délicats coups de pinceau d'un maître artiste. Les détails du monde, généralement pleins de vie, semblent petits et lointains, remplacés par une immensité qui à la fois humilie et responsabilise.

Dans ce royaume au-dessus des nuages, où le vent transporte les secrets des contes anciens, où le soleil et la lune échangent des regards complices, les montagnes de l'Atlas règnent comme l'œuvre magnum de la nature. Les sommets sont plus que des formations géologiques ; ils sont des portes d'entrée vers l'introspection, une incarnation de la résilience et des témoins de la danse éternelle entre la terre et le ciel. Pour ceux qui s'aventurent, ces sommets offrent non seulement le frisson de gravir les hauteurs, mais aussi le profond privilège de toucher le ciel et de découvrir les murmures de l'éternité.

Sentiers et itinéraires pour des randonnées aventureuses

Dans les montagnes de l'Atlas, là où la beauté sauvage de la Terre rencontre les nobles étreintes du ciel, un monde de sentiers et d'itinéraires se déploie telle une ancienne carte d'exploration. Ces sentiers, gravés dans la trame du temps, invitent le vagabond en nous, nous invitant à traverser une mosaïque de paysages, des falaises escarpées aux vallées luxuriantes, des bosquets cachés aux crêtes exposées. Ce sous-chapitre ouvre la porte de ce royaume de sentiers, chacun étant un portail vers une aventure unique, une communion personnelle avec la grandeur de la nature.

Pour ceux qui aspirent à s'imprégner de l'esprit même de la montagne, ce chapitre dévoile une gamme de sentiers et d'itinéraires qui s'adressent à tous les niveaux d'aventuriers. Comme les vers d'un poème épique, chaque sentier tisse un récit de découverte, faisant écho aux récits de ceux qui l'ont précédé tout en invitant de nouveaux explorateurs à ajouter leurs propres empreintes au récit.

Imaginez-vous embarquer sur des sentiers battus qui résonnent avec les histoires d'innombrables voyageurs qui ont voyagé avant vous. Ces sentiers, usés par le passage du temps et les traces des âmes sœurs, témoignent de générations de pèlerins qui cherchaient réconfort et inspiration parmi les montagnes. Ces chemins témoignent du lien durable entre l'humanité et le monde naturel.

Mais aventurez-vous un peu plus loin et des sentiers cachés se dévoileront, souvent voilés par des auvents émeraude qui gardent leurs secrets du regard occasionnel. Ces sentiers promettent une autre sorte de communion – une communion avec l'indompté, la nature sauvage et les murmures d'histoires oubliées. À mesure que chaque pas vous entraîne plus profondément dans ces royaumes inexplorés, le monde commence à se dévoiler comme un parchemin déroulé, révélant ses mystères étape par étape.

Les montagnes de l'Atlas recèlent des trésors divers pour les explorateurs de tous bords. Le Pass Tizi n' Test vous invite à partir sur les traces des commerçants d'antan, à parcourir le chemin du commerce qui sillonne ces montagnes depuis des siècles. Ce voyage devient plus qu'une simple randonnée ; cela devient une danse avec l'histoire, une rencontre intime avec les fantômes des voyageurs qui parcouraient autrefois ces mêmes sentiers.

Ou jetez votre dévolu sur les Gorges du Dadès, un royaume de merveilles géologiques qui défient l'imagination. Les couches de roche, gravées et sculptées par la main patiente du temps, racontent une histoire qui s'étend sur des éternités. En traversant ces canyons impressionnants, vous vous retrouverez pris entre les murmures de la Terre antique et la majesté du moment présent.

Pour ceux qui cherchent à toucher le ciel, à se tenir au-dessus du monde et à le contempler comme depuis les cieux, l'ascension exaltante du Jebel Ayachi attire l'attention. Ce sommet, phare des rêveurs et des aventuriers, promet des vues panoramiques qui dépassent l'imagination. En atteignant le sommet et en mélangeant votre souffle à l'air de la montagne, vous comprendrez que de telles hauteurs élèvent non seulement le corps mais aussi l'esprit.

À chaque pas, tandis que vos pas résonnent en harmonie avec les battements de votre cœur, les montagnes deviennent plus qu'une simple toile de fond ; ils deviennent des compagnons, des guides et des confidents. Chaque détour le long du sentier révèle un secret : une cascade cachée tombant en cascade sur des pierres moussues, un bouquet de fleurs sauvages peignant la terre de teintes vibrantes, ou un aigle solitaire chevauchant les thermiques au-dessus.

Les sentiers et itinéraires dans les montagnes de l'Atlas sont plus que des sentiers ; ils sont une invitation à converser avec le paysage, à apprendre des murmures du vent et des chants des oiseaux. Ils sont un appel à sortir des frontières du connu et à s'aventurer dans un royaume de beauté brute et indomptée. Ce sous-chapitre du guide de voyage ne concerne pas seulement la randonnée ; il s'agit d'embrasser une symphonie de découverte, un récit d'aventure et une danse avec la tapisserie en constante évolution des montagnes. Ainsi, lorsque vous enfilez vos bottes et partez, rappelez-vous que chaque pas est une strophe d'un poème, chaque ascension un triomphe de l'esprit et chaque sentier un portail vers un monde à explorer.

Plongez dans l'hospitalité chaleureuse des villages berbères

En vous aventurant au cœur des montagnes de l'Atlas, où des sommets escarpés veillent sur les vallées, vous découvrirez des villages berbères – des poches de vie qui résonnent au rythme harmonieux de la tradition et de la communauté. Ces villages, nichés au milieu d'un terrain accidenté, ne sont pas seulement des destinations ; ce sont des portails vers un monde où le temps semble avoir trouvé son propre rythme, un monde où le pouls de la nature résonne avec le pouls de la connexion humaine.

En entrant dans ces oasis de culture, vous aurez l'impression de remonter dans le temps. Les villages berbères sont des chapitres d'un conte ancien, leurs structures de pierre et d'argile chuchotant les histoires de générations qui ont prospéré sur fond de puissantes montagnes. Les rires des enfants jouant dans les ruelles étroites, l'odeur de la fumée de bois s'échappant des cheminées et les échos des chants et des danses lors d'occasions spéciales sont les fils qui tissent le tissu de ces communautés très unies.

À votre arrivée, vous rencontrerez bien plus que de simples regards curieux ; vous serez accueilli à bras ouverts et avec des sourires radieux. L'hospitalité berbère n'est pas une simple formalité ; c'est un mode de vie profondément ancré dans la culture. Chaque voyageur est considéré comme un ami, chaque invité comme un compagnon précieux dans un voyage partagé. C'est une invitation à découvrir la vie sous un angle différent –

celui qui valorise les liens humains, les liens communautaires et les joies simples qu'offre la nature.

Assis dans une maison berbère traditionnelle, l'air parfumé de l'arôme du pain frais et du thé à la menthe, un aperçu de leur monde vous sera offert. Tandis que les villageois vous serviront des tasses de thé fumant, vous partagerez bien plus qu'une simple boisson ; vous partagerez des histoires, des expériences et des rires. Écoutez les aînés raconter des histoires de survie, de résilience et les secrets de la vie en harmonie avec la terre. Chaque mot est un trésor, un morceau de sagesse transmis de génération en génération.

L'hospitalité berbère transcende l'acte d'offrir de la nourriture et un abri. C'est un portail vers leurs valeurs, leur façon de vivre. Chaque foyer est une porte ouverte, chaque repas une invitation à participer à leurs traditions. Alors que le soleil du soir se couche derrière les montagnes et que les étoiles émergent dans le ciel de velours, vous réaliserez que vous n'êtes pas qu'un simple visiteur ; vous faites désormais partie d'un récit plus vaste. Les rires, les conversations, les moments partagés se mélangent pour créer une expérience aussi authentique que réconfortante.

Plongez-vous dans l'hospitalité berbère et vous découvrirez que ce n'est pas seulement une rencontre temporaire ; c'est un souvenir gravé dans votre âme. Lorsque vous quitterez ces villages, vous emporterez avec vous bien plus que de simples photographies ; vous porterez la chaleur de leurs sourires, les échos de leurs histoires et le rappel que peu importe d'où nous venons, notre humanité commune nous lie d'une manière qui dépasse les frontières et les antécédents. Dans l'étreinte de l'hospitalité berbère, vous trouverez le reflet de ce qu'il y a de meilleur en nous : la capacité d'ouvrir notre cœur aux étrangers et de devenir amis.

Explorez la riche flore et la faune

Au cœur des montagnes de l'Atlas, là où la terre s'élève en pics imposants et berce le ciel, se déroule une remarquable tapisserie de vie. Les montagnes ne sont pas de simples gardiens de pierre ; ce sont des sanctuaires vivants, regorgeant de biodiversité qui peint le paysage de teintes et de mélodies vibrantes. Une symphonie de la créativité de la nature se joue dans tous les coins et recoins, une histoire qui tisse la flore et la faune dans une danse harmonieuse.

Imaginez entrer dans un monde où les vallées sont ornées de fleurs sauvages qui s'étendent à perte de vue. Des tapis luxuriants de couleurs peignent la terre, chaque fleur témoignant du talent artistique de la nature. Le parfum des fleurs se mêle à l'air frais de la montagne, créant une expérience sensorielle enivrante qui reste gravée dans les mémoires.

Parmi ces vallées, d'anciennes oliveraies sont des témoins intemporels du passage du temps. Les troncs noueux racontent des histoires de générations et le murmure des feuilles porte les échos des siècles passés. En vous promenant dans ces bosquets silencieux, vous pouvez presque ressentir le poids de l'histoire, un lien avec ceux qui ont déjà emprunté ces chemins.

Pourtant, ce n'est pas seulement la flore qui fait des montagnes de l'Atlas un refuge de biodiversité. Insaisissable et secrète, la faune ici dresse un tableau de la survie contre toute attente. Pendant que vous parcourez les sentiers, gardez vos sens en alerte pour détecter les signes révélateurs de mouvements : un éclair de fourrure, un bruissement de feuilles. Parmi les forêts de cèdres, les macaques de Barbarie se balancent de branche en branche, leurs pitreries ludiques rappelant l'interdépendance de toute vie.

La danse de la vie n'est pas sans moments dramatiques. La vipère des montagnes de l'Atlas, maître du camouflage, exécute une danse éphémère et complexe. Ses mouvements témoignent du talent artistique de l'évolution, rappelant que même dans les environnements les plus difficiles, la vie trouve un moyen de s'épanouir.

Et puis, il y a les oiseaux – un kaléidoscope de plumage qui ajoute des éclats d'éclat à la toile des montagnes. Les espèces indigènes prennent leur envol sur fond de ciel azur et de sommets escarpés, leurs mélodies se joignant au murmure du vent qui traverse les vallées et les crêtes.

Ce cLe chapitre "Le Guide de Voyage Ultime de l'Algérie 2024" est plus qu'une invitation ; c'est une invitation à entrer dans ce réseau complexe de la vie, à faire partie de la symphonie que la nature dirige d'une main magistrale. Il vous invite à parcourir des sentiers accidentés. , gravir des hauteurs qui touchent le ciel et se tenir humble devant l'immensité de ces sommets. En tissant des liens avec les habitants des villages berbères, vous vous imprégnez du tissu même de ce paysage.

Le voyage à travers les montagnes de l'Atlas n'est pas seulement une aventure ; c'est un pèlerinage de découverte de soi. Dans ces hauteurs, où l'air est raréfié et les vues illimitées, vous trouverez des échos de votre propre immensité. Chaque étape est une révélation, un rappel que les merveilles du monde reflètent les merveilles intérieures. En vous arrêtant pour reprendre votre souffle, en regardant le soleil peindre le ciel dans des teintes que les mots ne parviennent pas à capturer, vous réaliserez que les montagnes ne sont pas seulement une destination : elles sont un miroir, reflétant les profondeurs de votre propre esprit. Dans cette révélation, vous découvrirez que les montagnes de l'Atlas ne sont pas seulement un endroit à visiter ; ils sont un lieu pour s'éveiller à l'étendue illimitée du monde et aux profondeurs illimitées de soi-même.

Chapitre 9

ODYSSÉE CULINAIRE À TRAVERS L'ALGÉRIE

Lorsqu'on entreprend un voyage en Algérie, ce ne sont pas seulement les paysages à couper le souffle et la riche histoire qui captivent les sens ; c'est aussi la symphonie alléchante des saveurs qui attire le palais. Une véritable exploration d'un pays implique de s'adonner à ses trésors culinaires, et l'Algérie ne fait pas exception. Alors que nous explorons le chapitre 9 de notre guide de voyage, nous vous invitons à nous rejoindre dans une expédition gastronomique qui vous mènera des plats traditionnels aux délices de la cuisine de rue, des fusions culinaires aux ateliers de cuisine pratiques.

Plongez dans les trésors de la cuisine traditionnelle algérienne

Au cœur des cuisines algériennes se déroule un voyage culinaire aussi riche que l'histoire qui tisse la tapisserie culturelle du pays. Il ne s'agit pas seulement des ingrédients qui s'assemblent dans une danse harmonieuse ; ce sont les histoires, les traditions et le patrimoine qui donnent vie à chaque plat. Préparez-vous à embarquer pour une expédition à travers les saveurs, un voyage qui transcende le temps et l'espace pour révéler l'essence même de l'identité algérienne.

Imaginez entrer dans un royaume où les recettes ne sont pas de simples instructions, mais un héritage murmuré transmis de génération en génération. La cuisine algérienne témoigne de l'art de la conservation, où les secrets de famille sont gardés avec la même ferveur que les manuscrits anciens. En explorant ce domaine culinaire, vous ne faites pas que goûter de la nourriture ; vous savourez l'histoire dans une assiette.

Imaginez l'arôme robuste d'un tajine mijotant, le plat algérien par excellence qui évoque les souvenirs de générations blotties autour d'un repas commun. Dans le doux balancement de la flamme, les secrets des viandes mijotées, du safran délicat et d'une danse complexe d'épices sont partagés d'une marmite à l'autre. Chaque tajine raconte une histoire – une histoire de rassemblements communautaires, de rires partagés et de la chaleur d'une étreinte de retour.

Mais le voyage ne s'arrête pas aux délices salés ; il serpente dans le monde de la pâtisserie, où chaque pli de pâte et chaque pincée de sucre en poudre porte le murmure du toucher d'un artisan. Les pâtisseries algériennes sont plus que des confiseries ; ce sont des œuvres d'art miniatures, conçues avec dévouement et amour. Mordez dans un makroudh et vous goûterez à l'héritage des doigts agiles d'une grand-mère. Émiettez une corne de gazelle et vous découvrirez les secrets des palais antiques. Chaque pâtisserie a une histoire et à chaque bouchée, vous en faites partie.

Alors que le soleil se couche sous l'horizon, projetant des teintes d'ambre et d'or sur le paysage, imaginez-vous assis autour d'un repas qui incarne l'histoire de l'Algérie. Le couscous, autrefois une humble céréale, est devenu un chef-d'œuvre complexe au fil des siècles. L'art délicat de cuire à la vapeur et de gonfler est un rituel, une tradition qui relie les Algériens à leurs racines. Avec chaque bouchée de couscous, vous ne goûtez pas seulement le point culminant de la sagesse culinaire ; vous honorez les innombrables mains qui ont perfectionné cet art au fil du temps.

Et n'oublions pas la chorba, une soupe qui défie les frontières. C'est une étreinte réconfortante par une journée froide, un baume apaisant pour les âmes fatiguées. À chaque cuillerée, vous goûtez non seulement à l'amalgame de légumes et d'épices, mais aussi à l'histoire de la migration, du commerce et des échanges culturels qui ont façonné l'identité de l'Algérie.

Fermez les yeux et imaginez les cuisines animées où les épices dansent tels des derviches dans un tourbillon. Les ragoûts algériens, agrémentés de mélanges complexes, témoignent du multiculturalisme du pays. Le parfum du cumin, la chaleur du paprika, la profondeur de la cannelle : chaque épice raconte l'histoire de l'Algérie en tant que carrefour de cultures.

Dans ce voyage dans la cuisine traditionnelle algérienne, chaque plat est un chapitre, chaque bouchée une révélation. Il ne s'agit pas seulement de nourriture ; c'est une célébration du patrimoine, une symphonie de saveurs qui portent les échos du temps. En dégustant ces trésors culinaires, vous ne vous contentez pas de goûter ; vous faites partie d'une histoire qui a commencé bien avant votre arrivée et qui se poursuivra longtemps après votre départ.

Savourez les délices de la cuisine de rue

Chaque coin, chaque ruelle en Algérie recèle un trésor de délices culinaires de rue qui attirent les passants avec des arômes irrésistibles et une promesse d'aventure culinaire. La magie de la cuisine de rue algérienne réside non seulement dans les saveurs qui dansent sur les papilles, mais aussi dans l'expérience immersive qu'elle propose, une porte sur l'âme du quotidien de la nation.

Alors que le soleil se lève et projette ses teintes dorées sur les rues, les marchés et les coins animés s'animent d'une énergie typiquement algérienne. Imaginez entrer dans ce chaos vibrant, où les appels des vendeurs se mêlent aux bavardages des habitants et où le parfum des épices persiste dans l'air comme une symphonie parfumée. C'est dans ces moments-là que vous n'êtes pas qu'un simple visiteur ; vous participez au rythme de la vie quotidienne.

L'une des premières rencontres culinaires de rue qui a laissé une marque indélébile sur mes sens a été avec le bien-aimé m'semen. Une danse délicate de pâte et de mains habiles, cette crêpe spongieuse et étagée est un incontournable du matin qui incarne l'esprit de la cuisine réconfortante algérienne. Alors que je regardais un vendeur étirer et plier la pâte de manière experte, mon anticipation a grandi. Les m'semen sont arrivés chaleureux et invitants, leur texture étant un délice tactile qui parlait de générations de tradition. Chaque bouchée a été une révélation – un équilibre entre simplicité et complexité, une toile de saveurs qui m'a connecté aux rituels matinaux des Algériens à travers le pays.

Dans les ruelles labyrinthiques, l'arôme du khobz eddar fraîchement sorti du four se répandait dans l'air, me conduisant à une petite échoppe où les familles et les habitants se rassemblaient à la recherche de ce pain rond et rustique. La vue de la surface craquelée du pain et le parfum enivrant qui s'en dégageait lorsqu'il était déchiré témoignaient du savoir-faire des boulangers qui avaient perfectionné cet art au fil des siècles. J'ai vu des gens de tous âges se rassembler, déchirant des morceaux de khobz eddar pour les tremper dans des ragoûts et des sauces parfumées, formant une scène qui résume l'esprit convivial de la cuisine de rue algérienne.

Et puis il y avait le bourek – des poches de délices croustillantes et dorées qui contenaient en elles un monde de saveurs. En savourant ces pâtisseries savoureuses, sentant le croquant céder la place à des couches de garniture, j'ai réalisé que chaque bourek était un récit de l'histoire algérienne. La fusion des textures et des ingrédients fait écho aux diverses influences culturelles qui ont façonné la cuisine nationale – un équilibre délicat entre tradition et innovation, le tout enveloppé dans une étreinte feuilletée.

La scène de la cuisine de rue en Algérie ne consiste pas seulement à remplir votre estomac ; il s'agit de nourrir votre âme avec les histoires intégrées dans chaque bouchée. Il s'agit de partager des moments avec des inconnus autour d'un plateau partagé, d'échanger des regards complices tout en découvrant ensemble la symphonie des saveurs. Il s'agit de se plonger dans un voyage sensoriel qui vous relie au passé et au présent, à la tapisserie de la vie algérienne.

Alors, pendant que vous savourez ces morceaux de joie, rappelez-vous que vous ne faites pas que goûter de la nourriture ; vous goûtez à l'essence de l'Algérie. Vous entrez dans le rythme cardiaque de la nation, embrassant l'authenticité que l'on ne trouve que dans le chaos d'un marché animé, la chaleur du pain fraîchement sorti du four et les rires qui remplissent l'air alors que les saveurs réveillent des souvenirs. À chaque bouchée, vous ne faites pas que savourer de la nourriture ; tu savoures la vie.

Découvrez des fusions culinaires et des influences diverses

Dans un monde où les frontières s'estompent et où les cultures se mélangent, la cuisine algérienne témoigne de la convergence harmonieuse de diverses influences. Alors que je me lançais dans mon voyage culinaire à travers l'Algérie, le chapitre « Découvrez les fusions culinaires et les diverses influences » s'est ouvert devant moi comme une tapisserie, chaque fil étant tissé d'histoire, de patrimoine et d'un amour sans faille pour l'art des saveurs.

Au cœur de cette tapisserie se trouvent les fils des traditions berbères, entremêlés aux murmures de l'héritage ottoman. Ces échos ancestraux constituent le socle sur lequel repose la cuisine algérienne, conférant à chaque plat un sentiment d'intemporalité. Avec la curiosité pour guide, je me suis aventuré dans les marchés animés, où les épices et les histoires imprégnaient l'air. Ici, j'ai rencontré des commerçants qui, avec des gestes animés, ont révélé les secrets de chaque mélange d'épices, leurs paroles témoignant des routes commerciales durables qui reliaient l'Afrique du Nord au monde.

Pourtant, la cuisine algérienne ne se limite pas à ses racines. Elle étend ses bras, embrassant les influences que l'histoire a exercées sur ses côtes. Les échos du colonialisme français demeurent comme une couche délicate, un murmure de croissants au beurre qui se fondent parfaitement avec l'essence nord-africaine. Je me suis retrouvé assis dans un charmant café, en sirotant un thé à la menthe accompagné d'une pâtisserie feuilletée qui portait le parfait mélange d'élégance parisienne et d'âme algérienne. J'ai réalisé que c'était plus qu'un simple régal pour les papilles gustatives ; c'était un témoignage des liens culturels qui transcendent le temps et l'espace.

Dans les cuisines animées, j'ai été témoin de l'alchimie de l'innovation, où le familier rencontre l'exotisme dans une danse complexe de saveurs. Des salades vibrantes associaient harmonieusement les ingrédients méditerranéens aux produits locaux, une symphonie comestible de couleurs et de goûts qui rendait hommage à l'amour des Algériens pour la fraîcheur. C'est dans ces moments que j'ai compris que les fusions culinaires ne sont pas seulement une question d'ingrédients ; il s'agit de rapprocher les cultures, de créer des ponts entre des terres qui semblaient lointaines sur la carte mais qui étaient unies sur l'assiette.

La révélation la plus remarquable a peut-être été de voir les frontières culinaires se désintégrer sous mes yeux. La cuisine algérienne a osé être à la fois traditionnelle et contemporaine, adoptant à bras ouverts de nouvelles techniques et saveurs. En rejoignant les habitants autour des tables communes, j'ai savouré des plats qui constituaient une mosaïque de cultures, témoignage de la nature en constante évolution de la cuisine. Un tajine, autrefois purement berbère, porte désormais l'influence des épices de loin, créant une symphonie d'arômes qui raconte dans une assiette l'histoire de la mondialisation.

Ce chapitre célèbre bien plus que la simple nourriture ; il célèbre le pouvoir d'un repas de transcender le temps et le lieu, de tisser ensemble des histoires de cultures qui se heurtent et s'harmonisent. La cuisine algérienne est une toile où le passé et le présent, le local et l'international se mélangent en quelque chose d'entièrement nouveau et beau. En quittant l'Algérie, j'ai emporté avec moi non seulement les saveurs, mais aussi la compréhension que la nourriture est un pont qui nous relie tous, nous rappelant qu'en mangeant, nous nourrissons non seulement notre corps mais aussi notre humanité commune.

Participez à des ateliers de cuisine et à des cours enrichissants

S'aventurer au cœur du monde culinaire algérien ne consiste pas seulement à goûter le chef-d'œuvre fini, il s'agit également de faire partie du processus même qui façonne ces délicieuses créations. Pour ceux qui possèdent une curiosité insatiable et une envie de retrousser leurs manches, l'Algérie propose un somptueux banquet d'expériences qui s'adressent à l'explorateur expérimenté.

Imaginez-vous debout devant une table rustique en bois, entouré des arômes alléchants d'épices qui semblent danser dans l'air. Ici, vous ne suivez pas seulement une recette ; vous vous engagez dans un récit qui a été transmis de génération en génération. Les ateliers de cuisine en Algérie ne se limitent pas aux étapes mécaniques de mélange et de mesure ; ce sont des voyages immersifs qui dévoilent les histoires tissées dans chaque ingrédient, chaque technique et chaque tradition.

Dans ces ateliers, vous maîtriserez l'art de pétrir la pâte pour le makroudh, un délice sucré qui porte en lui la douceur des liens familiaux et des souvenirs précieux. Vous découvrirez la danse complexe des épices et apprendrez à les mélanger en parfaite harmonie pour créer les saveurs irrésistibles du méchoui, un plat qui capture l'essence de la fête algérienne. Et puis, il y a la délicate pastilla, un plat qui demande douceur et patience, qui incarne la grâce et la finesse de la culture algérienne.

Mais ces ateliers ne visent pas seulement à perfectionner vos compétences culinaires. Il s'agit de s'immerger au cœur de l'Algérie. En travaillant aux côtés d'experts locaux, vous vous retrouverez plongé dans les histoires qu'ils partagent : des récits sur la façon dont ces plats ont été transmis de génération en génération, comment ils constituent la pierre angulaire des célébrations et des rassemblements et comment ils sont un reflet des diverses influences qui ont façonné la cuisine algérienne au fil des siècles.

Imaginez les rires partagés avec les autres participants, la camaraderie qui se forme lorsque vous créez collectivement un chef-d'œuvre et le lien qui se développe à mesure que vous partagez le plaisir de goûter les fruits de votre travail. Ces ateliers sont une passerelle vers la connexion, vers la culture et vers une compréhension plus profonde de l'âme de l'Algérie.

Alors, faites de votre fourchette et de votre couteau vos compagnons de voyage, car ce sont les clés qui révèlent les secrets de la cuisine algérienne. L'odyssée culinaire qui nous attend est une invitation non seulement à goûter les saveurs, mais aussi à véritablement ressentir les battements de cœur d'une nation. En participant à ces ateliers et cours enrichissants, vous vous embarquez dans un voyage qui transcende la nourriture : c'est un voyage dans l'essence même de l'Algérie.

Chapitre 10

AU-DELÀ DU SENTIER TOURISTIQUE

Dans un monde où voyager est devenu synonyme de listes de choses à faire et de coches, il existe un royaume qui attire ceux qui ont une soif insatiable d'exploration véritable. Bienvenue dans ce chapitre, un chapitre qui transcende l'ordinaire, vous conduisant à travers les territoires inexplorés de l'Algérie, une terre où des joyaux cachés, des merveilles écologiques, des oasis isolées et des trésors culturels attendent ceux qui souhaitent s'aventurer au-delà des sentiers touristiques fréquentés.

Dévoilement de joyaux cachés et de destinations négligées

Sortez des sentiers battus et embarquez pour un voyage qui révèle les secrets les mieux gardés de l'Algérie, méticuleusement préservés dans les replis de ses paysages diversifiés. Tout comme les pages d'un manuscrit ancien, cette terre cache ses histoires, sa culture et sa beauté à la vue de tous, attendant que ceux qui ont un œil perspicace découvrent ses mystères. Ce chapitre est une invitation à devenir le protagoniste de votre propre aventure, un voyageur qui découvre des joyaux cachés qui réécrivent le récit de l'exploration algérienne.

Imaginez-vous comme un explorateur dans une archive du passé, où chaque coin que vous franchissez offre une nouvelle révélation. En parcourant les rues labyrinthiques de Tlemcen, vous entrez dans un livre d'histoire vivant. Ici, les façades de mosquées vieilles de plusieurs siècles servent de conteurs, chuchotant les histoires des dynasties passées. Les dessins complexes de leurs minarets et les échos de la vie quotidienne dans leurs murs vous emmènent dans un voyage dans le temps, un lien tangible avec les battements du cœur de l'histoire.

A Djemila, vous déambulez au milieu des ruines d'une ville romaine figée dans le temps. Creusés dans le paysage comme les chapitres d'une saga épique, les sentiers de pierre vous mènent à un ancien amphithéâtre, témoignage des rassemblements qui résonnaient autrefois de rires et de conversations. Les murs eux-mêmes semblent résonner des voix des marchands, des érudits et des familles qui habitaient autrefois cet endroit. Gravées dans la pierre, leurs histoires deviennent les vôtres à mesure que vous explorez le théâtre de l'Antiquité.

Mais les trésors de l'Algérie ne se limitent pas à ses contes anciens. Aventurez-vous à Annaba, où les eaux azur rencontrent des plages intactes, un paradis qui attend ceux qui souhaitent s'éloigner des sentiers touristiques bien fréquentés. Ici, vous êtes au seuil d'un monde serein où le clapotis des vagues compose une symphonie de tranquillité. Le sable vierge sous vos pieds est empreint de la promesse d'une beauté intacte, un havre où le chef-d'œuvre de la nature reste intact.

Ces destinations négligées sont bien plus que de simples lieux ; ce sont des chapitres d'une histoire qui remet en question le récit de voyage conventionnel. Ce sont les clés pour démêler une tapisserie qui va au-delà de ce qui était attendu. Les coins cachés de l'Algérie ont le pouvoir de vous transporter à travers le temps, de vous immerger dans des cultures à la fois vibrantes et anciennes, et de vous rappeler que la véritable exploration ne consiste pas simplement à cocher des cases, mais aussi à accepter l'inattendu et à redéfinir ce que signifie découvrir un lieu.

En vous aventurant dans ces coins cachés, n'oubliez pas que vous n'êtes pas qu'un simple voyageur ; vous êtes un conteur, un témoin des récits que ces destinations ont envie de partager. Telle une carte déployée, les joyaux cachés de l'Algérie vous font signe, vous invitant à laisser vos empreintes sur les pages de ses territoires inexplorés. Votre voyage ne fait que commencer.

Adopter des initiatives d'écotourisme

À une époque où la conscience mondiale résonne avec le besoin urgent d'une gestion environnementale, l'Algérie apparaît comme un joyau scintillant dans la couronne de l'écotourisme. Au-delà de ses paysages fascinants et de ses trésors culturels, cette nation a conclu un pacte solennel avec la nature, un engagement qui se répercute à travers ses écosystèmes intacts et ses pratiques durables. Au cœur de cette renaissance écologique se trouve une révélation qui invite les voyageurs non seulement à explorer, mais aussi à s'engager, à apprendre et à favoriser une coexistence harmonieuse avec l'environnement.

Imaginez le parc national de l'Ahaggar, un sanctuaire où la symphonie de la nature joue en parfaite harmonie. Ici, chaque souffle est plus vif, chaque bruissement de feuilles plus poignant et les constellations scintillantes au-dessus jettent un sort radieux. Alors que le monde est aux prises avec la cacophonie de la vie urbaine, Ahaggar se présente comme un havre de paix, vous invitant à entrer dans un royaume où les rythmes de la nature dictent la cadence de la vie.

C'est un pèlerinage dans les montagnes du Hoggar qui dévoile une toile d'une beauté sauvage et de traditions nomades qui transcendent le temps. Lorsque vous parcourez les contours du territoire, vous n'êtes pas qu'un simple observateur ; vous devenez participant à une danse complexe entre l'humanité et l'environnement. Ici, le peuple berbère a gravé son existence dans la tapisserie même du paysage, fusionnant avec les rythmes de la Terre d'une manière qui illustre la durabilité.

Au cœur de ces paysages, s'engager avec les communautés locales est plus qu'une interaction passagère : c'est une opportunité d'apprendre des maîtres du mode de vie durable. La sagesse ancienne des habitants du désert, qui ont prospéré dans les conditions les plus difficiles, prend vie lorsque vous participez à leurs rituels quotidiens. Vous découvrez l'art de la conservation de l'eau, les secrets de l'ingéniosité et la profonde interconnexion entre la culture et la nature.

Votre voyage dans l'écotourisme n'est pas seulement des vacances ; c'est une chance de façonner un avenir où l'équilibre délicat entre l'humanité et l'environnement est vénéré. Votre présence contribue à un récit de préservation, garantissant que les traces que vous laissez derrière vous foulent légèrement la terre. En partageant des histoires avec les habitants, en savourant leur cuisine traditionnelle et en apprenant des pratiques séculaires, vous êtes un pont reliant le passé et le futur.

L'engagement de l'Algérie en faveur de l'écotourisme témoigne du profond respect de la nation pour sa terre et son patrimoine. C'est un appel à adopter une voie à suivre durable, une voie où la prospérité de la nature et de la culture s'entremêlent. Ce sous-chapitre n'est pas seulement une invitation ; c'est une affirmation qu'en vous lançant dans ce voyage, vous entrez dans un partenariat avec la Terre elle-même. Alors venez explorer et faites partie de la révolution de l'écotourisme en Algérie – une révolution qui ne consiste pas seulement à voyager, mais à façonner un monde où la nature s'épanouit et où l'humanité prospère, main dans la main.

Voyage vers des oasis isolées et leur enchantement

Imaginez entrer dans une toile peinte par le pinceau de la nature, où la palette est composée de tons terreux qui se fondent parfaitement dans une oasis de tranquillité. Ici, le soleil enveloppe chaleureusement des paysages qui défient la dureté du désert et un sentiment d'intemporalité vous enveloppe. C'est le royaume fascinant des oasis isolées, où chaque bruissement de feuille de palmier et chaque gouttelette d'eau raconte une histoire de survie, de résilience et de beauté.

En vous aventurant dans ces paradis cachés, vous rencontrez une symphonie d'images et de sons qui remuent l'âme. Imaginez des palmiers se balançant en rythme en réponse à la douce brise, comme s'ils dansaient avec le vent lui-même. L'air porte les murmures d'histoires transmises de génération en génération, d'histoires de lutte et de triomphe, de communautés qui ont prospéré contre toute attente.

Mais ce ne sont pas seulement les palmiers et l'ombre fraîche qu'ils fournissent qui captivent les sens ; c'est l'essence même de la vie qui palpite dans ces paysages arides. Le mirage chatoyant, un mirage qui recèle des secrets connus uniquement des vents du désert, semble vous inviter à percer ses mystères. C'est comme si le désert lui-même avait choisi de partager ses murmures énigmatiques avec ceux qui osent chercher son cœur caché.

Dans ces oasis isolées – Guelma, Biskra, Timimoun – vous avez la possibilité d'entrer dans un sanctuaire de rajeunissement. En vous promenant dans ces paysages tranquilles, vous constaterez que le temps prend un rythme différent. Ici, au milieu des dunes ondulantes et des piscines tranquilles, la vie bat dans une harmonie improbable avec l'environnement aride. C'est un endroit où l'esprit trouve du réconfort, où l'esprit trouve de la clarté et où le cœur trouve la paix.

Guelma, tapisserie de couleurs et de parfums, vous invite à vous immerger dans la culture vibrante de la région. Biskra, connue sous le nom de « Reine des oasis », vous enchante avec ses palmiers dattiers luxuriants et son architecture ancienne, chaque coin résonnant des récits d'une époque révolue. Timimoun, joyau du désert, vous murmure des promesses de sérénité et d'introspection tandis que vous assistez aux jeux d'ombre et de lumière sur son architecture unique.

Au milieu de ces dunes et de ces frondes, les cultures convergent et les traditions prospèrent. Les Bédouins, avec leur sagesse ancestrale, vous accueillent dans leur monde, partageant des histoires autour de feux crépitants et vous offrant un aperçu d'un mode de vie façonné par l'étreinte du désert. Ici, le monde moderne passe au second plan, vous permettant de savourer la saveur d'une existence épargnée par le rythme frénétique de la modernité.

En parcourant ces oasis isolées, vous constaterez que le temps ralentit, vous permettant de savourer chaque instant, chaque sensation, chaque connexion. C'est un voyage qui vous emmène non seulement à travers des kilomètres mais aussi à travers des époques, comblant le fossé entre un passé ancien et un présent vibrant. Ces oasis, loin d'être de simples mirages, sont l'incarnation de la résilience, un témoignage de la beauté qui peut s'épanouir même dans les environnements les plus difficiles.

Alors, entrez dans ce monde enchanteur, où les palmiers se balancent au rythme de la brise et où le mirage chatoyant dévoile ses secrets à qui l'écoute attentivement. Laissez les oasis isolées de Guelma, Biskra et Timimoun être vos sanctuaires de découverte, où l'étreinte du désert devient une source d'inspiration et le voyage une symphonie des sens.

Dénicher des trésors culturels encore à explorer

L'Algérie, terre de contrastes et de convergences, se présente comme une tapisserie vivante tissée de fils d'influences berbères, arabes et françaises. Au-delà de sa façade bien connue, se cache un trésor de joyaux culturels qui brillent de l'éclat d'histoires inédites et d'histoires cachées. Préparez-vous à embarquer pour un voyage qui vous fera traverser les couloirs du temps, dévoilant la richesse et la diversité qui composent le tissu culturel de cette nation extraordinaire.

En traversant la vallée du M'zab, vous vous retrouverez au cœur d'une merveille architecturale, où le peuple mozabite a gravé ses conceptions ingénieuses dans la terre même qu'il habite. Les anciennes villes de Ghardaia, Beni Isguen et El Atteuf s'élèvent comme des mirages sur le paysage désertique, chacune témoignant de l'adaptation et de la résilience humaines. Les maisons distinctives, regroupées en parfaite harmonie, offrent non seulement un répit face au soleil brûlant, mais illustrent également un mode de vie unique qui a résisté à l'épreuve du temps. En vous promenant dans ces ruelles labyrinthiques, vous pouvez presque entendre les échos des générations passées, chuchotant des histoires d'unité, de survie et un lien profondément enraciné avec la terre.

En plongeant plus profondément dans le trésor culturel de l'Algérie, le monde complexe de l'art amazigh se dévoile sous vos yeux. Des motifs et des symboles ornés, chacun portant une histoire qui s'étend sur des siècles, ornent les textiles, les céramiques et les bijoux. Ces récits visuels sont une fenêtre sur les traditions, les rituels et les croyances qui ont façonné l'identité du peuple amazigh. Chaque touche de couleur, chaque ligne méticuleusement dessinée est une ode à un héritage qui refuse de s'effacer. C'est une invitation à déchiffrer le langage énigmatique de l'art, un langage qui transcende les mots parlés et résonne avec l'âme.

Engagez-vous avec des artisans qui ne sont pas seulement des artisans, mais des conteurs. Entre leurs mains, les techniques anciennes se transmettent de génération en génération et des siècles de tradition sont insufflés dans chaque création. Le travail complexe en filigrane des bijoux reflète la délicatesse de la vie elle-même, tandis que les tapis tissés à la main contiennent les récits de villages éloignés, attendant d'être déployés à chaque pas. Partager un moment avec ces artisans, c'est comme feuilleter les pages d'un livre d'histoire vivant, où les chapitres se dévoilent à chaque coup de pinceau, à chaque tour de métier à tisser.

Ce chapitre n'est pas limité par les limitations des cartes conventionnelles. Au lieu de cela, il s'agit d'une vaste toile où vos pas deviennent des coups de pinceau, peignant des histoires d'exploration et de découverte. En vous éloignant des sites touristiques très fréquentés, vous vous retrouverez dans un monde qui récompense les curieux, les intrépides et les cœurs ouverts. Ici, l'ordinaire cède la place à l'extraordinaire et le familier se transforme en exotique.

Laissez le chapitre 10 être votre boussole, vous guidant vers des panoramas qui redéfiniront votre notion même du voyage. C'est une invitation à s'éveiller aux coins inexplorés, négligés et enchanteurs de l'Algérie qui vous attendent, prêts à partager leurs secrets. Sortez des sentiers touristiques et laissez la symphonie des trésors culturels envelopper vos sens. À chaque rencontre, à chaque découverte, vous serez témoin du déroulement d'un récit qui s'étend bien au-delà de votre imagination. Ce n'est pas seulement un voyage ; c'est une odyssée au cœur de l'âme algérienne, un voyage qui laissera sur vous une marque indélébile.

Chapitre 11

MAÎTRISER LA LANGUE ET LA COMMUNICATION

La langue est la porte d'entrée pour comprendre une culture, se connecter avec ses habitants et s'immerger dans un monde entièrement nouveau. Dans ce chapitre, nous approfondissons l'art de l'acquisition des langues, en nous concentrant sur l'arabe et le berbère, les deux piliers linguistiques de l'Algérie.

Saisir les phrases essentielles en arabe et en berbère

Alors que vous embarquez pour votre voyage à travers l'Algérie, le pouvoir de la langue devient un outil précieux pour établir des liens et vous immerger dans la riche culture locale. Tout comme une clé ouvre une porte, l'apprentissage de quelques phrases essentielles en arabe et en berbère peut ouvrir les portes de la compréhension et de l'amitié au cours de votre voyage.

Dès l'instant où vos pieds touchent le sol algérien, la chaleur d'un véritable « Marhaba ! ou "Bonjour!" peut être votre passeport pour de véritables interactions. Adopter les langues locales montre votre intérêt sincère pour la culture et vous fait immédiatement apprécier les personnes que vous rencontrez.

Dans cette section se trouve votre boîte à outils linguistique – une collection de mots et d'expressions qui transcendent leur sens littéral. Ces phrases comblent le fossé entre vous et les locaux, transformant les interactions de base en échanges significatifs. « Shukran » (Merci) n'est pas simplement une façon d'exprimer sa gratitude ; c'est un symbole de respect pour l'hospitalité qui vous est offerte. « La bas ? » (Comment vas-tu ?) va au-delà d'une simple question ; cela démontre votre désir de comprendre le bien-être de ceux que vous rencontrez. Et quand vient le temps de faire ses adieux, « Beslama » (Au revoir) emporte avec lui vos vœux sincères de paix et de sécurité.

Imaginez la joie qui illumine les visages lorsque vous commandez votre « qahwa » (café) du matin avec un « Min fadlik » (S'il vous plaît) confiant. Imaginez les sourires qui vous accueillent lorsque vous complétez un affichage de marché dynamique avec « Zweena ! » (Beau!). Ces mots ne sont pas un simple vocabulaire ; ce sont des fils qui tissent une tapisserie de connexion.

Dans cette aventure linguistique, vous gagnerez non seulement la capacité de naviguer en douceur dans les interactions quotidiennes, mais vous découvrirez également les portes de l'amitié grandes ouvertes. En échangeant des plaisanteries, en marchandant de manière ludique sur les marchés et en exprimant votre admiration pour la beauté du pays, vous verrez que l'effort pour apprendre ne serait-ce qu'une poignée de phrases est récompensé par des sourires sincères, des souvenirs impérissables et une profonde appréciation de la diversité. qui enrichit notre monde.

Surmonter les obstacles linguistiques : conseils et solutions

Se lancer dans un voyage d'apprentissage des langues peut donner l'impression de se lancer dans l'inconnu, mais rassurez-vous, vous n'êtes pas seul dans cette aventure. Cette section est là pour vous guider à travers des stratégies qui vous aideront à relever les défis liés à l'apprentissage des langues. Plus précisément, l'arabe algérien et les dialectes berbères peuvent présenter des complexités uniques en matière de prononciation et de grammaire, mais le voyage à venir promet d'être incroyablement enrichissant.

1. Adoptez le processus d'apprentissage : L'apprentissage d'une nouvelle langue est un processus progressif et il est important d'être patient avec vous-même. Ne vous laissez pas décourager par les difficultés initiales. Tout comme un bébé qui apprend à parler, trébucher sur les mots fait naturellement partie du voyage.

2. Décomposer la prononciation : La prononciation peut être un aspect délicat, en particulier avec des sons inconnus. Pratiquez des mots et des sons individuels à plusieurs reprises. Imitez des locuteurs natifs et essayez de reproduire leur intonation et leur rythme. Vous enregistrer peut fournir des commentaires précieux pour suivre vos progrès.

3. Puzzle de grammaire : les dialectes arabes et berbères algériens peuvent avoir des règles de grammaire qui diffèrent de celles de votre langue maternelle. Prendre une étape à la fois. Concentrez-vous sur la maîtrise des structures de phrases de base et développez progressivement des règles grammaticales plus complexes.

4. Immergez-vous : Entourez-vous autant que possible de la langue. Regardez des films locaux, écoutez de la musique et suivez même les comptes de réseaux sociaux qui publient du contenu dans le dialecte que vous

apprenez. Cette approche immersive vous aide à vous habituer à la cadence et à l'argot de la langue.

5. Connectez-vous avec les locaux : S'engager avec les locaux est un moyen fantastique d'améliorer vos compétences linguistiques. Engagez des conversations avec les commerçants, les chauffeurs de taxi et toutes les autres personnes que vous rencontrez en cours de route. La plupart des gens apprécieront vos efforts et seront désireux de vous aider à affiner votre prononciation.

6. Échange linguistique : trouvez des partenaires d'échange linguistique intéressés à apprendre votre langue en échange de votre aide à apprendre la leur. Cet apprentissage mutuel peut être non seulement éducatif mais aussi un excellent moyen de se faire de nouveaux amis.

7. Entraînez-vous régulièrement : la cohérence est la clé. Prévoyez chaque jour du temps dédié pour mettre en pratique vos compétences linguistiques. Qu'il s'agisse de réviser du vocabulaire, de regarder une courte vidéo ou de lire un journal local, une pratique constante permettra d'obtenir des progrès notables.

8. Acceptez les erreurs : n'ayez pas peur de faire des erreurs. Les erreurs de prononciation et les erreurs de grammaire font partie du processus. Ils donnent souvent

lieu à des moments de rire et de complicité avec les locaux. N'oubliez pas que vos efforts pour communiquer dans leur langue seront appréciés et respectés.

9. Célébrez les petites victoires : Apprendre quelques phrases utiles ou avoir une conversation réussie peut être incroyablement gratifiant. Célébrez ces victoires au fur et à mesure qu'elles surviennent et laissez-les alimenter votre motivation pour continuer à apprendre.

10. Amusez-vous : Apprendre une nouvelle langue devrait être une expérience agréable. Profitez de la richesse culturelle qui accompagne la langue et utilisez-la comme un pont pour vous connecter avec les gens à un niveau plus profond.

Naviguer dans les interactions sociales avec les habitants

Au cœur de l'Algérie, la langue n'est pas seulement un moyen de communication ; c'est un pont qui relie les cœurs et les cultures. Plonger dans les interactions locales en Algérie révèle une tapisserie tissée de chaleur, d'hospitalité et de véritable curiosité. Cette section ouvre la porte au monde fascinant de l'engagement avec les locaux, où chaque conversation a le potentiel de créer des liens significatifs.

Saveurs conversationnelles et nuances culturelles

En embarquant pour votre voyage en Algérie, vous découvrirez que les conversations ont une saveur unique, mêlant valeurs traditionnelles et vie moderne. Le véritable intérêt des habitants pour les visiteurs est évident dans leurs salutations chaleureuses et leur volonté d'engager des conversations. Les marchés regorgent d'échanges dynamiques tandis que vous parcourez les étals d'épices colorées et d'artisanat complexe. L'art du marchandage devient une danse, où les prix se négocient dans une plaisanterie amicale qui transcende les simples transactions.

Le Rituel du Partage du Thé à la Menthe

L'une des expériences algériennes par excellence est de partager une tasse de thé à la menthe. Ce rituel est bien plus qu'une simple boisson ; c'est un symbole d'hospitalité et d'amitié. S'asseoir avec les locaux pour savourer le thé aromatique est une invitation dans leur monde. En tenant le verre délicat, vous ne faites pas que goûter le thé, mais vous sirotez également la chaleur de leurs traditions et la sincérité de leur compagnie. S'engager dans cet acte simple favorise des liens qui dépassent les barrières linguistiques.

Le langage tacite des hochements de tête et des sourires

En Algérie, comme dans toute culture, les signaux non verbaux revêtent une immense importance. Maîtriser l'art de l'écoute active et reconnaître les signaux non verbaux vous permet de vous engager plus profondément. Un signe d'approbation ou un sourire chaleureux peut transmettre de la compréhension et de l'empathie, établissant ainsi des liens que les mots pourraient avoir du mal à établir. C'est dans ces échanges non verbaux que l'on apprécie véritablement la beauté de l'humanité partagée.

Combler les écarts avec empathie

Si le langage est un outil puissant, l'empathie est sa contrepartie dans les interactions significatives. Prendre le temps de comprendre les coutumes et traditions locales montre du respect et un désir de se connecter à un niveau plus profond. En étant ouvert à l'apprentissage et à l'adaptation, vous constaterez que même le plus petit effort peut conduire à des liens profonds.

En Algérie, le voyage concerne autant les gens que les lieux. Naviguer dans les interactions sociales n'est pas seulement une question de mots ; il s'agit d'embrasser la tapisserie culturelle et de créer des liens durables. Alors, pendant que vous vous plongez dans les conversations, le thé à la menthe et les liens tacites, rappelez-vous que chaque interaction est un coup de pinceau sur la toile de votre aventure algérienne.

Outils pour améliorer les compétences linguistiques

Au-delà des limites des guides de conversation traditionnels, le monde moderne offre une riche palette de ressources pour vous aider à élever vos compétences linguistiques vers de nouveaux sommets. Adopter la culture et la langue algériennes nécessite une approche multidimensionnelle qui va au-delà de la simple acquisition de vocabulaire. Voici quelques outils et stratégies précieux qui pourront vous plonger dans les profondeurs du paysage linguistique algérien :

1. Mobile Applications et cours en ligne : adoptez l'ère numérique en explorant la multitude d'applications d'apprentissage des langues et de cours en ligne disponibles. Ces plateformes proposent des cours interactifs, des quiz et des exercices pratiques qui peuvent vous aider à saisir les nuances de l'arabe algérien et du berbère. Que vous fassiez la navette, que vous fassiez la queue ou que vous profitiez de votre soirée, ces outils constituent un moyen pratique de vous initier à la langue au quotidien.

2. Langue Rencontres d'échange : connectez-vous avec des locuteurs natifs ou d'autres passionnés de langues grâce à des rencontres d'échange linguistique. Engager une conversation avec des Algériens peut vous fournir un contexte réel, vous permettant d'affiner votre prononciation, votre vocabulaire et votre compréhension. Les liens que vous établissez lors de ces rencontres peuvent également évoluer vers des amitiés durables, ouvrant une fenêtre sur la vie algérienne au-delà de la langue.

3. Culturel Immersion à travers la musique et le cinéma : Plongez dans le rythme et la mélodie de la musique algérienne, et perdez-vous dans l'univers du cinéma algérien. En écoutant des chansons et en regardant des films en langue originale, vous vous familiariserez avec la cadence de l'arabe et du berbère algériens parlés. Cette forme d'exposition passive aide le langage à s'infiltrer dans votre subconscient, devenant progressivement plus familier et naturel.

4. Explorer Littérature algérienne : Ouvrez les pages de la littérature algérienne pour découvrir l'âme de la nation. La lecture de livres, de nouvelles et de poésie écrites par des auteurs algériens vous permet d'approfondir les nuances de la langue et de la culture. En absorbant l'écrit, vous acquerrez une compréhension

profonde des valeurs, de l'histoire et des perspectives qui façonnent l'identité de l'Algérie.

5. Expressions et Nuance : la langue est plus que des mots ; c'est une danse complexe d'expression et de nuance. En vous immergeant dans la langue et la culture algériennes, vous développerez une oreille attentive aux subtilités de la communication. Vous apprendrez à comprendre non seulement ce qui est dit, mais aussi comment cela est dit : le ton, l'emphase et le contexte culturel qui donne aux mots leur véritable sens.

6. Déverrouillage Cœurs et esprits : En Algérie, la langue est la clé pour ouvrir les portes des cœurs, des esprits et des liens profonds. En découvrant la beauté de l'arabe et du berbère, vous n'apprenez pas seulement les structures linguistiques ; vous tracez la voie vers la compréhension et l'empathie. Les efforts que vous investissez dans la maîtrise de ces langues seront récompensés par des amitiés, des histoires et des expériences partagées qui relient les cultures et transcendent les barrières.

7. Langue comme tapisserie d'identité : Au cœur de l'Algérie, la langue se mêle à l'histoire, à la culture et à l'identité. Chaque mot prononcé porte en lui un morceau du récit de la nation. En apprenant et en utilisant l'arabe algérien et le berbère, vous faites partie de cette

tapisserie vivante, contribuant ainsi à l'histoire continue du pays.

8. Un Connexion plus profonde : Alors laissez votre langue danser avec les rythmes des langues algériennes. Dans le flux et le reflux de ses paroles, vous découvrirez un lien plus profond avec la terre et ses habitants. Les souvenirs que vous créez, les rires que vous partagez et les histoires que vous échangez enrichiront profondément votre voyage. Alors que vous vous lancez dans cette aventure linguistique, rappelez-vous que la langue n'est pas qu'un outil ; c'est un pont qui traverse les cultures et les cœurs, créant des liens qui durent toute une vie.

Chapitre 12

VOYAGER RESPONSABLEMENT EN ALGÉRIE

Pendant mon séjour en Algérie, j'étais profondément engagé à respecter toutes les règles et réglementations, garantissant que ma présence en tant que voyageur était respectueuse et responsable. Cet engagement en faveur du voyage responsable a non seulement enrichi ma propre expérience, mais a également contribué positivement à la destination que j'explorais.

Dès mon arrivée en Algérie, je me suis fait un devoir de me familiariser avec les lois et coutumes locales. Cela signifiait faire des recherches en ligne, consulter des guides de voyage et engager des conversations avec les habitants pour avoir un aperçu des choses à faire et à ne pas faire dans le pays. Fort de ces connaissances, je me sentais mieux équipé pour naviguer dans l'environnement local tout en faisant preuve du plus grand respect pour les gens et leur mode de vie.

Le respect des normes culturelles était une priorité absolue. Je m'habillais modestement, surtout lorsque je visitais des sites religieux et des quartiers conservateurs.

Cela a non seulement montré mon respect pour les traditions locales, mais m'a également aidé à me fondre dans la masse et à établir des liens plus authentiques avec la population locale. J'ai toujours demandé la permission avant de prendre des photos, m'assurant de ne pas empiéter sur la vie privée ou les sensibilités culturelles de qui que ce soit.

Lorsqu'il s'agissait de m'engager auprès des communautés locales, mon objectif était de les soutenir de toutes les manières possibles. J'ai fait du shopping sur les marchés locaux, mangé dans des restaurants familiaux et participé à des visites guidées dirigées par des habitants compétents. Cela a non seulement injecté de l'argent directement dans l'économie locale, mais m'a également permis d'acquérir des connaissances et des perspectives que je n'aurais pas obtenues autrement.

Je me suis également assuré de faire preuve de légèreté en matière d'environnement. Que j'explore les rues animées d'Alger ou les paysages sereins du désert du Sahara, j'ai adhéré aux principes du voyage durable. J'ai éliminé mes déchets correctement, économisé l'eau et minimisé ma consommation d'énergie. Dans la mesure du possible, j'ai opté pour des options de transport écologiques pour réduire mon empreinte carbone.

Tout au long de mon parcours, je me suis engagé dans des échanges culturels avec un cœur et un esprit ouverts. J'ai participé avec enthousiasme aux célébrations, festivals et événements locaux, dans le respect des rituels et des traditions qui faisaient partie intégrante du mode de vie algérien. J'ai également engagé des conversations significatives avec les habitants, découvrant leurs histoires, leurs aspirations et leurs défis.

Être responsable lors de l'interaction avec la faune était tout aussi crucial. J'ai observé les animaux à distance, en m'abstenant de toute action susceptible de perturber leurs comportements naturels. Cela impliquait d'éviter de se nourrir, de toucher ou d'empiéter sur leurs habitats. Que ce soit en apercevant des oiseaux le long de la côte ou en apercevant des créatures du désert, je m'émerveillais de leur beauté sans causer de mal.

En fin de compte, mon séjour en Algérie n'a pas été seulement des vacances mais une expérience transformatrice qui a mis en évidence l'importance du voyage responsable. En adhérant aux règles et réglementations, en respectant les normes culturelles, en soutenant les communautés locales et en minimisant mon impact environnemental, j'ai quitté l'Algérie avec un sentiment d'épanouissement, sachant que j'avais apporté une contribution positive au lieu et aux gens qui m'ont accueilli à bras ouverts.

Respecter les pratiques touristiques éthiques

Alors que je commençais mon voyage en Algérie, un fort engagement en faveur de pratiques touristiques éthiques a guidé chacun de mes pas. Le tourisme éthique ne consiste pas seulement à cocher des destinations ; il s'agit d'avoir un impact positif sur les lieux que nous visitons. J'étais déterminé à m'engager dans la culture et la communauté locales de manière respectueuse et responsable.

Pendant mon séjour, j'ai fait un effort pour découvrir les coutumes, les traditions et les normes sociales de l'Algérie. Cette conscience culturelle m'a aidé à éviter d'offenser qui que ce soit par inadvertance et m'a permis d'interagir avec les habitants de manière authentique et respectueuse. Je me suis abstenu de participer à des activités qui pourraient exploiter la culture ou les traditions locales à des fins touristiques.

Autonomiser les communautés locales grâce au soutien

L'une des pierres angulaires du voyage responsable est l'autonomisation des communautés locales. J'ai fait le choix conscient de soutenir les entreprises, les artisans et les marchés locaux. En achetant des objets artisanaux, des souvenirs et des produits auprès de vendeurs locaux, j'ai contribué directement aux moyens de subsistance des personnes qui habitent en Algérie.

M'engager dans des initiatives touristiques communautaires, telles que des visites guidées dirigées par des experts locaux, m'a permis de découvrir l'histoire, l'environnement et la culture de la région. Ces initiatives m'ont non seulement fourni des expériences enrichissantes, mais ont également injecté des revenus indispensables dans l'économie locale.

Atténuer les empreintes environnementales

Voyager de manière responsable implique de minimiser l'impact sur l'environnement. En Algérie, je me suis efforcé de réduire mon empreinte carbone en utilisant les transports en commun autant que possible et en minimisant les déchets plastiques en emportant une bouteille d'eau réutilisable et un sac de courses. Je me suis également assuré de séjourner dans des hébergements mettant en œuvre des pratiques durables, telles que le recyclage et la conservation de l'énergie.

Lors de l'exploration des attractions naturelles, j'ai adhéré au principe « Ne laisser aucune trace ». Je me suis abstenu de déranger la faune, je me suis abstenu de cueillir des plantes et j'ai suivi les sentiers désignés pour prévenir l'érosion des sols. Cet engagement en faveur de la préservation de l'environnement garantissait que les paysages vierges dont j'ai profité seraient là pour que les générations futures puissent les apprécier.

Rencontres harmonieuses avec la faune

La biodiversité unique de l'Algérie a été l'un des moments forts de mon voyage et je me suis consacré à observer la faune sauvage d'une manière qui respecte ses habitats et ses comportements. Je me suis abstenu d'approcher ou de nourrir les animaux sauvages, comprenant que l'interférence humaine pouvait perturber leurs comportements naturels et créer des dépendances.

J'ai participé à des activités d'observation de la faune avec des guides qualifiés qui ont souligné l'importance de maintenir une distance respectueuse avec les animaux. Que j'observais des oiseaux dans leurs habitats naturels ou que j'apercevais des créatures du désert, j'ai embrassé le plaisir d'observer la faune tout en donnant la priorité à leur bien-être.

En conclusion, mon voyage en Algérie témoigne de l'importance du voyage responsable. Le respect de pratiques touristiques éthiques, le soutien aux communautés locales, l'atténuation des impacts environnementaux et l'interaction harmonieuse avec la faune ont tous contribué à une aventure mémorable et percutante. En voyageant avec pleine conscience et respect, j'ai quitté l'Algérie non seulement avec des souvenirs précieux mais aussi avec la satisfaction de savoir que ma présence a eu une influence positive et durable.

Chapitre 13

VOYAGE VERS LA MAISON

A l'approche de la fin de mes vacances en Algérie, un mélange d'émotions s'est installé en moi. Les expériences et les souvenirs que j'avais accumulés au cours de mon séjour étaient des trésors que je savais que je chérirais pour toujours. Alors que je m'asseyais pour planifier mon voyage de retour, un sentiment de gratitude mêlé à un soupçon de mélancolie.

Le processus de planification de mon voyage de retour était un mélange de sens pratique et de sentimentalité. J'ai commencé par examiner mes documents de voyage pour m'assurer que tout était en ordre. Passeport, vérifiez. Cartes d'embarquement, vérifiez. C'était un rituel rassurant qui procurait un sentiment de préparation, malgré la réticence à faire ses adieux à un lieu qui était devenu cher à mon cœur.

Faire mes valises était une tâche délicate. Chaque objet que j'ai placé dans la valise semblait contenir un morceau de l'expérience algérienne. Les foulards colorés, les céramiques fabriquées à la main et les pages usées de mon journal de voyage – tout cela me murmurait l'importance du voyage. Alors que je fermais la valise, un sentiment de clôture s'est installé, même si mon cœur s'accrochait aux souvenirs qui transcendaient les objets physiques.

La dernière journée en Algérie a été poignante. Je me suis promené tranquillement dans les rues animées d'Alger, m'imprégnant des images et des sons devenus familiers. Le café où j'avais partagé des conversations avec les locaux, le marché où j'avais marchandé des trésors et les vues panoramiques sur la Méditerranée – ils me donnaient tous l'impression d'être de vieux amis me disant au revoir.

Le soir, je m'asseyais au bord de la mer et regardais le soleil plonger sous l'horizon. Les vagues semblaient véhiculer un mélange d'émotions – la joie de la découverte, le confort de la connexion et la douleur du départ. J'ai ouvert mon carnet de voyage et j'ai commencé à écrire, déversant mes pensées sur les pages comme un moyen de conserver la beauté éphémère du moment.

Le lendemain matin, alors que je me dirigeais vers l'aéroport, je n'ai pas pu m'empêcher de jeter un coup d'œil à la ville qui m'avait accueilli ces dernières semaines. Les souvenirs ont défilé devant mes yeux – les rires partagés avec d'autres voyageurs, les révélations culturelles et la gentillesse d'étrangers devenus amis.

Alors que l'avion décollait, j'ai regardé par la fenêtre, regardant le paysage se transformer en une mosaïque de souvenirs. Le voyage de retour n'était pas seulement physique ; c'était un passage réfléchi à travers le cœur. Même si la distance physique s'est accrue, le lien émotionnel est resté fort, rappelant que la fin d'un voyage est aussi le début de son impact sur la vie.

En atterrissant sur un sol familier, j'ai emporté avec moi les échos de l'Algérie – les saveurs, les couleurs et les connexions. Le voyage était terminé, mais sa résonance continuerait de façonner mes perspectives et d'inspirer mes futures aventures. En descendant de l'avion, je savais que même si j'avais quitté l'Algérie, une partie de celle-ci ferait toujours partie de moi.

Organiser des souvenirs et des trouvailles de shopping significatifs

Alors que le voyage vers l'Algérie touchait à sa fin, la perspective d'un retour au pays commençait à prendre forme. Pourtant, le désir de préserver les souvenirs et les expériences de ce voyage remarquable était fort. Dans les marchés animés et les boutiques pittoresques, des opportunités se sont présentées pour conserver des souvenirs significatifs et des trouvailles de shopping qui résument l'essence de l'Algérie.

Les ruelles labyrinthiques de la Casbah d'Alger offraient un trésor de produits artisanaux. Des tapis finement tissés, des céramiques éclatantes et des bijoux délicats constituaient des souvenirs qui retiendraient à jamais les murmures des mains habiles des artisans locaux. Chaque pièce racontait une histoire, témoignage du riche patrimoine culturel du pays.

En s'aventurant dans les marchés animés d'Oran et de Constantine, les sens ont été submergés par les couleurs vibrantes, les parfums exotiques et la symphonie des négociations. Maroquinerie, épices et vêtements traditionnels se sont dévoilés comme des témoignages du voyage, prêts à être partagés avec leurs proches restés au pays. Le fait de choisir chaque article est devenu un acte de conservation de souvenirs, alors que j'imaginais la joie de raconter des histoires tout en présentant ces cadeaux.

Redécouvrir des destinations préférées

Alors que les roues du temps tournaient et que le voyage me rapprochait du départ, il y avait une attente douce-amère de revisiter des destinations bien-aimées. Les ruines romaines historiques de Djemila, la beauté majestueuse du Sahara et la sérénité du littoral méditerranéen avaient laissé des empreintes indélébiles dans mon cœur.

En traversant les ruines, je n'ai pas pu m'empêcher de réfléchir au passage du temps. Les pierres semblaient murmurer des histoires sur les civilisations qui y prospéraient autrefois. La vaste étendue du Sahara m'avait humilié, me rappelant la puissance indomptée de la Terre. Revisiter ces destinations a offert l'opportunité de capturer leur essence sous un nouveau jour, alors que les expériences acquises au cours du voyage ont permis une compréhension plus profonde.

Entretenir l'essence algérienne dans votre cœur

Au fur et à mesure du voyage vers mon pays, le souci de conserver l'essence algérienne en moi est devenu primordial. Les saveurs de la cuisine traditionnelle, la chaleur de l'hospitalité locale et les échos de la musique berbère étaient des souvenirs que j'étais déterminé à préserver. J'ai recherché des recettes locales, pris des notes sur les pratiques culturelles et enregistré des extraits de conversations pour résumer l'esprit de l'Algérie.

L'odeur du couscous au safran qui s'échappe d'un restaurant au bord de la rue, les rires partagés avec de nouveaux amis et les moments calmes d'introspection au milieu des médinas animées – tels étaient les fils qui ont tissé la tapisserie de mon expérience algérienne. Rédiger un journal m'a permis de revisiter ces moments et, ce faisant, j'ai trouvé du réconfort en sachant que le voyage n'était pas vraiment terminé tant que son essence vivait en moi.

Voies pour une exploration continue

Alors que les dernières étapes du voyage approchaient, on réalisa que même si le voyage physique touchait à sa fin, le chemin de l'exploration ne devait pas nécessairement se terminer. Les souvenirs, les leçons et les liens formés en Algérie étaient des graines qui pourraient germer dans de futures aventures. Les cartes et guides rassemblés tout au long du chemin n'étaient pas de simples souvenirs ; ils étaient des passerelles vers une exploration plus approfondie.

Avec la technologie comme alliée, je pourrais continuer à m'immerger dans la culture algérienne grâce à des visites virtuelles, me connecter avec d'autres voyageurs via des forums en ligne et même explorer les opportunités de participation communautaire et d'échange culturel. Le voyage avait éveillé une soif de découverte, et même si l'avion allait bientôt m'éloigner du sol algérien, le voyage du cœur pouvait continuer à s'épanouir.

Au crépuscule de mon séjour en Algérie, j'ai réalisé que le voyage de retour n'était pas une fin, mais plutôt un début. Les expériences et les liens établis façonneront à jamais mon point de vue, enrichissant le récit de ma vie avec les couleurs vibrantes des paysages algériens, les échos de son histoire et la chaleur de son peuple. Alors que les roues de l'avion atterrissaient en terrain familier, j'emportais avec moi non seulement des valises, mais un cœur chargé des trésors d'un voyage transformateur.

Printed by Amazon Italia Logistica S.r.l.
Torrazza Piemonte (TO), Italy

59774586R00083